Notizen auf dem Jakobsweg

Stephan Groborsch

Notizen auf dem Jakobsweg

Zu Fuß vom Allgäu auf das Sternenfeld.

--> 2.500 km

Bibliografische Information der Deutschen Nationalbibliothek
Die Deutsche Nationalbibliothek verzeichnet diese Publikation
in der Deutschen Nationalbibliografie; detaillierte bibliografische
Daten sind im Internet über http://dnb.d-nb.de abrufbar.

© 2013 Stephan Groborsch
Umschlagdesign, Herstellung und Verlag:
BoD - Books on Demand
ISBN 978-3-7322-2652-8

Inhalt

Abbildungsverzeichnis

Bildnachweis

Stephan Groborsch	Titelbild Sahagun
Stephan Groborsch	Abbildung: 2-6, 8, 11+12,14+15,17-20,23-26,30+31,34-37,39+40,42,45-49,51-55,57-59,61+62,64+65,67-69,71-75,78,80-82,84-88,90+91,96,98-103,106+107
Diana + Thomas Helgeth	Abbildung: 1,9+10,109
Nicole Büchli	Abbildung: 27,29,38+39,44
Wikepedia	Abbildung: 76
Debra Fitzgerald	Abbildung: 93+94,104
Julia Lietz	Abbildung: 108-113
Garmin	Alle dargestellten Karten sind mit European MetroGuide v4.00 erstellt Abbildung:7,13,16,21,22,28,32,33,41,43,50,56,60,63,66,70,77,79,83,89,92,95,97,102,105

Handelnde Personen

Stephan Groborsch	Der Pilger
Ursula (Uschi) Groborsch	Frau des Pilgers
Diana Helgeth	Tochter des Pilgers
Richard (Richy) Groborsch	Sohn des Pilgers
Thomas Helgeth	Schwiegersohn des Pilgers
Reginhard Groborsch	Bruder des Pilgers
Klemens Groborsch	Bruder des Pilgers
Siegfried König	Schwager des Pilgers
Ivanka König	Frau des Schwagers
Simone Hauenstein	Tochter des Schwagers
Gerhard Gulde „A"	Ehm. Kamerad EloStff/JaboG 34
Monika Blank	Herbergsmutter in Lindau
Nicole Büchli	Pilgerin aus der Schweiz
Peter	Ehm. Zahnarzt aus der Schweiz
Klaus (Wiederholer)	ein deutscher Pilger
Dietmar (Wiederholer)	ein deutscher Pilger
Gabriel	französischer Pilger
Carola Schneck	katholische Militär Pfarrhelferin

Fredy	Pilger
Debra Fitzgerald	Pilgerin aus Alaska USA
Lindsey Thornton	Pilgerin aus Alaska USA
Evelyne Blickisdorf	Redaktionelle Unterstützung
Angelika Mercer	Cousine, Übersetzung ins Englische
Emily Mercer	Tochter der Cousine, ebenfalls Übersetzung

Einleitung

Wie kommt ein Mensch auf den Gedanken, 2.500 Kilometer zu Fuß zu laufen? Eigentlich habe ich darauf keine wirklich eindeutige Antwort. Als meine Mutter noch lebte, wurde öfters über Santiago gesprochen. Doch war mir das alles zu viel und mein Leben drehte sich nur um meine Frau und meine Kinder!

Wieso also bin ich losmarschiert? War es die Mode, die den Weg als erstrebenswert darstellt? Oder waren es meine Brüder, die den Entschluss schon lange für sich formuliert haben? Ich weiß es nicht. Für mich hat sich erstmal nur das Abenteuer in den Vordergrund gedrängt. Ich wollte was erleben. Etwas, das nicht jeder in Angriff nimmt. Das war im Alter von 48 Jahren. Mit 49 habe ich dann meine Frau darüber informiert und auch meine restliche Umgebung. Der 50ste Geburtstag hat dann alle Weichen gestellt und jetzt wussten alle Bescheid, dass ich gehen werde. Geglaubt hat es mir niemand!

Doch habe ich mich Stück für Stück vorbereitet und mich besonders mit dem Kartenstudium befasst. Dies war nicht immer sehr erfolgreich, wie sich auf dem Weg später herausstellte. Auch das GPS-Gerät, das ich mir gekauft habe, kann ich bis heute noch nicht richtig bedienen. Aber das macht auch nichts, da ich dieses Gerät ja noch länger benutzen und weiter lernen kann.

Warum schreibe ich denn alles eigentlich auf? Na vielleicht lesen ja meine Enkelkinder einmal die Geschichte von „Opa – Wandersmann!". Doch viel wichtiger ist es, dass ich das alles für mich aufgeschrieben habe. Ich habe so viel Schönes erleben dürfen, dass ich das ja nicht vergessen tue. Auch ist es sehr wichtig für mich, dass ich mich mit dem Erlebten auseinander setze!

Jetzt aber noch ein paar wichtige Worte des Dankes.

Zu allererst möchte ich meiner lieben Frau danken, dass sie mir das Vertrauen geschenkt hat, das dafür notwendig ist. Ich denke, ich habe dich nicht enttäuscht liebe Uschi.

Weiter möchte ich meiner Tochter und meiner Nichte danken, dass sie beide sich die Mühe gemacht haben, alles zu lesen und mich redaktionell zu begleiten. Daraus ist ein lebendiges Dokument entstanden. Weiter fühle ich mich zu Dank verpflichtet meiner Kusine Angelika und ihrer Tochter Emily, die all die Gedanken in ein lesbares Englisch übersetzt haben. Aber der Mut das alles zu veröffentlichen, habe ich der Familie Beykirch zu verdanken. Die Eheleute Beykirch waren von meinen ersten Ausführungen so begeistert, dass ich all meinen Mut zusammengenommen habe und dieses Projekt startete!

Und zuletzt möchte ich denjenigen Menschen danken, denen ich begegnet bin und die mir so viel Freude und Anerkennung entgegengebracht haben.

Nun aber ist Schluss mit der Einleitung und der geneigte Leser möchte sich am Dargebrachten erfreuen.

Der Pilger:

Vorbereitung

Wie habe ich mich auf dieses Abenteuer vorbereitet? Hierzu möchte ich nur ein paar Sätze schreiben.

Theoretische Vorbereitung:

Zunächst habe ich versucht, alle notwendigen Landkarten im Maßstab 1:50.000 zu kaufen. Für die Schweiz und für Deutschland war das einfach aber schon Frankreich ist in Deutschland schwer bis gar nicht zu erhalten. So habe ich mich auf den Maßstab 1:125.000 reduziert. Für Spanien gilt dasselbe.

Der nächste Schritt war, das Besorgen der Reiseführer und das Ausarbeiten der Route. Hier habe ich reichliche Informationen aus den Reiseführern erhalten. Ein Familienwochenende mit dem katholischen Standortpfarrer aus Kaufbeuren, zum Thema Jakobsweg war ein weiterer Schritt der Vorbereitung.

Ab Oktober 2010 habe ich mehr und mehr Zeit in die Planung gesteckt. Mein GPS wurde mit Karten und Routen geladen und die Routen immer mehr verfeinert. Zeitgleich vervollständigte ich meine Packliste und sichtete immer wieder meine Ausrüstung.

Praktische Vorbereitung:

Ich war der Überzeugung, dass ich einen bestimmten körperlichen Fitnesstand erreichen muss. Hierzu habe ich mir ein kleines Programm zusammengestellt.

• Montag & Dienstag: laufen, ca. 8 bis 10 km.

• Mittwoch: eine Stunde Schwimmen

• Donnerstag: wieder laufen

• Freitag: Marsch mit Gepäck; Original Rucksack
mit mindestens 10kg, und 15 -20 km.

Das habe ich dann auch im Großen und Ganzen so durchgezogen bis eine Woche vor dem Start.

30.03.2011 Jetzt geht es los! Von Memmingerberg zum Herlazhofer Weiher

Diana und die Kinder haben mich um 08:00 abgeholt und wir sind über den Schleichweg zum Kindergarten gegangen.

Abbildung 1: In der Eschenstraße

Schon nach wenigen hundert Metern, hat uns der Gulde Gerhard erreicht und mir ein Stück Geld (einen Schokoladen Hunderter) mitgegeben. Vor der Abzweigung zum Kindergarten, habe ich mich von den Enkelkindern und Diana verabschiedet. Als nächstes habe ich den Weg zum Arbeitsort meiner Frau eingeschlagen und habe meinem Schatz ein dickes Bussi gegeben. In Volkratshofen bin ich beim Metzger Stetter vorbeigelaufen, leider hatte der geschlossen – Pech, nun muss ich sehen wie ich zu Fleisch komme!

In Aichstetten bin ich gerade noch rechtzeitig zum Metzger gekommen, Mittwochnachmittag zu. Ich habe rohen Schweinebauch und Hartwurst gekauft. Bin jetzt N 47°57`; E10°03` und versuche Feuer für das Mittagessen zu machen. Nach einer halben Stunde ist es geschafft: Feuer brennt, Fleisch im Topf! Warten bis die Suppe kocht.

Abbildung 2: Suppe kocht

Abbildung 3: meine erste Suppe

Das Essen war fein und im Quellbach konnte ich alles waschen. Danach folgte ich dem Waldweg, und konnte einen Fuchs bei der

Mäusejagd beobachten, bis er mich wahrnahm und Reißaus nahm. Später bemerkte ich eine C-160 Transall, die mehrmals Touch and Go in Leutkirch durchführte. Nahe am Ortseingang von Leutkirch machte ich erst mal Pause. Bis zum Herlazhofer Weiher waren es noch ca. 6 km Luftlinie.

Bis zum Campingplatz sind es nochmal 2 km. Ich bin jetzt müde und will am Ziel sein. Die Stimmung ist noch gut, das Wetter perfekt, vielleicht ein wenig zu viel Wind. Nach der Pause werden wieder die Adduktoren schmerzen, doch das geht vorbei! Der Hüftgurt ist schon dreimal aufgesprungen! Ich muss das beobachten.

N47°46`; E10°00`

Bin am Campingplatz von Fam. Riedele am Herlazhofer Weiher angekommen. Hatte Glück, der Junior war bei Ausbesserungsarbeiten und hat mir Platz, WC und Bier für 7,-- € überlassen. Habe mein Abendbrot genossen und muss für Morgen die Strecke etwas ändern, da ich auf der falschen Seite des Weihers bin. Macht aber nichts, es sind gute Wege. Werde morgen auch nur bis Wangen gehen, sonst bin ich zu früh in Lindau. Die Hose sieht schon aus!!! So nun ist Feierabend! Ich bereite mich für die Nacht vor und werde wohl um 20:30 Uhr MESZ in der Falle sein.

Mittlerweile ist es 20:00 Uhr und ich sitze an meinem Abendbrotplatz. Gegen 19:55 überflog ein Tornado in ca. 300 m Höhe über Grund den Platz; Flügelstellung 45; 2 Unterflügeltanks. Der Lärm ist weg, da trällert ein ziemlich großer Vogel auf der großen Fichte gegenüber sein Lied. Größer als eine Amsel oder Drossel, aber sehr schön. Ich trinke jetzt noch mein 2. Bier aus und dann ist Schluss. Leider kann ich niemandem SMS senden da hier kein Netz ist, muss wohl bis morgen warten.

Abbildung 4: Erstes Lager in Leutkirch

Tageskilometer   Gesamtkilometer

33,9   33,93

31.03.2011 Vom Herlazhofer Weiher nach Wangen

Die Nacht war o.k., das Zelt etwas eng; gewöhnungsbedürftig. Bin vom leichten Regen wach geworden. Werde das Goretex anziehen und den Regenschutz für den Rucksack. Uschi hat heute Inventur!!! Ich werde bis Wangen gehen und dort eine günstige Unterkunft wählen. Vielleicht gibt es ja eine Pilgerherberge oder ein Kloster? Habe bisher noch keinen geistigen Text gelesen, mal schauen wie das weiter geht. Jetzt ist es 06:30 Uhr und ich werde wohl bis 08:00 Uhr brauchen, bis alles zusammengeräumt ist.

Erste Rast: Es regnet ganz leicht und oft ist der Regen unterbrochen → kein Problem!! Im Südwesten ist bereits schönes Wetter zu sehen. In 50 Meter bin ich wieder auf dem geplanten Pfad. Unteres Argental durchquert!!! Habe Goretex ausziehen müssen, die Sonne scheint und mir ist es richtig warm geworden. Der Wind ist angenehm und erfrischend.

Ratzenried ist erreicht: Mittag; ein Bier, ein Schweinebauchsemmel und ein Apfel.

Abbildung 5: Mittagspause in Ratzenried

Wangen: Im Verkehrsamt habe ich nach einer Unterkunft gefragt, mir wurde der Gasthof Baumgarten empfohlen, Einzelzimmer mit Frühstück 25,-- €, Frühstück aber erst um 08:00 Uhr.

Resümee: Die Abweichung beim Campingplatz hat im Laufe des Tages mehrere Korrekturen an der geplanten Strecke gekostet. Von Ratzenried nach Wangen. Ich wollte den Wegweisern folgen, und schon war ich im Hügelland. Die Aussicht war natürlich super, aber das stete auf und ab! Ich vermute, ich trinke zu wenig, denn mein Urin ist zu gelb und die Waden spannen. Klemens hat mir eine nette SMS gesendet. → Ich nehme ihn natürlich mit!! (Den Kurznachrichtenverkehr mit Klemens habe ich am Ende des Buches abgedruckt.) Huch der böse Wolf zeigt sich! Ich muss wohl noch mehr schmieren. Heut gibt es ja warmes Wasser!!!! Juchhe!!!!!

Tageskilometer   Gesamtkilometer

20,9   55,03

01.04.2011 Der erste Pilger in Lindau. Von Wangen nach Lindau

Hatte eine ruhige Nacht im Gasthaus. Gestern habe ich noch in der Wirtsstube Sudoku gelöst und Zeitung gelesen. Dabei beobachtete ich die Gäste: Ein Tisch Schafkopfer (Süddeutsches Kartenspiel) in gesunder Runde, am Stammtisch die Wirtin und ein paar Stammgäste (m/w) sprachen über die Welt, am vierten Tisch, zwei Pärchen zum Abendessen. Eine der Frauen erzählte permanent von ihrer Arbeit im Krankenhaus und die drei anderen durften zuhören. Heute komme ich nicht vor 08:30 Uhr los, da es erst ab 08:00 Uhr Frühstück gibt. Schön wäre es gewesen, wenn ich um 07:30 Uhr auf dem Weg gewesen wäre. Außerdem habe ich gestern begonnen das „Neue Testament" (NT) zu lesen (noch vor dem Bier) mal schauen wie weit ich komme.

Erste Pause, Untermoorweiler: Der Weg war bisher hügelig auf dem „Radwanderweg 1". Meine Wadenmuskeln schmerzen nicht mehr, wahrscheinlich ist die Milchsäure raus. Das Wetter ist optimal, geschlossene dünne Wolkendecke, Stimmung prima, denke manchmal ans „NT". Was habe ich gestern gelesen habe und ist das alles so von mir richtig verstanden worden?

Mittag: Ich habe unterwegs keinen Metzger gefunden. Also gibt es Zwiebelsuppe mit Möhrchen und Knoblauch, gewürzt mit Brennnesseln. Diesmal ist das Feuer schneller und ohne Esbit entflammt? Geht doch!

Ich bin in der Pilgerherberge in Lindau. Eine Frau machte die Tür auf und war total erstaunt!!!!! Sie hat ihr Handy zwar eingeschaltet, aber daheim liegen gelassen. Ich hatte dreimal angerufen. Nach einer Schrecksekunde (ca. fünf Minuten) bin ich dann doch eingelassen worden. Am Sonntag dem 03.04.2011 ist große Eröffnung mit Bürgermeister usw., da ist sie, sie heißt Monika, ganz aufgeregt und macht gerade Reinigungsarbeiten! Nun, sie fängt sich langsam und wir werden Kaffee trinken während meine Wäsche in der Maschine ist.

Abbildung 6:
Monika und ich

Sie hat mir noch
einige Tipps und
Ratschläge für
unterwegs
gegeben. Am
Abend bin ich
dann Essen
gegangen und
früh ins Bett.

Tageskilometer   Gesamtkilometer

20,4   75,65

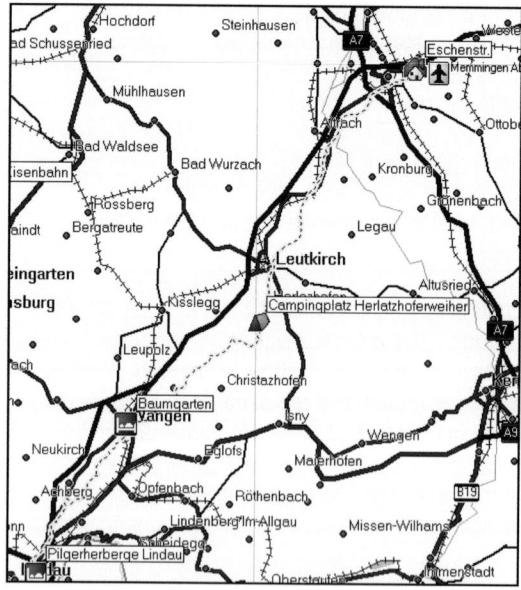

Abbildung 7: Strecke Memmingerberg - Lindau

02.04.2011 Von Lindau nach St. Gallen

Ich habe in der Pilgerherberge gut geschlafen. Für die Unterkunft musste ich 8,- € zahlen und für neue Batterien fürs GPS 4,99 €. Der Zwiebelrostbraten mit Getränken kam gestern auf 22,-- €. Monika habe ich auf dem Rückweg noch einmal getroffen. Sie ist wohl eine glückliche Frau. Sie sorgt sich wieder darum, ob ich auch alleine zu recht komme und hat mir ihre private Telefonnummer hinterlassen. Nett. Gestern hat Diana noch angerufen und wir werden uns gegen 12:00 Uhr auf der Insel von Lindau treffen. Jetzt werde ich mich mal wieder vorbereiten und frühstücken. Monika kam noch vorbei und gab mir ihren Segen und machte ein Foto von mir vor der Herberge.

Abbildung 8: Pilgerherberge in Lindau

Erste Pause im Hafen: Großer Schreck: Der Kapitän des eingelaufenen Schiffes sagt, dass es erst ab dem 17.04. eine Verbindung nach Rorschach gibt. Erst ein langes Gespräch und die Hilfe eines anderen Mannes brachte die Lösung: Die Schweizer fahren!!! Nun warte ich auf Diana mit Familie am Hafen und hab noch schnell zwei Frikadellen gegessen. Ein bisschen Bammel habe ich vor dem Fußweg nach St. Gallen, aber das Gepäck liegt gut und in den Waden ist alles O.K.

Abbildung 9: Mit meiner Tochter Diana und ihren drei Kindern

Abbildung 10: Mit Papa Helgeth

Um 13:15 Uhr sitze ich auf dem Sonnendeck der Rynegg nach Rorschach. Familie Helgeth jun. sind am See Kai und winken, bis das Schiff die Hafenausfahrt passiert hat. → Schön!!!

Von Rorschach nach Vorderhof geht es 1:40 Stunde bergauf. Ich mach mal Pause. Die Durchschnittsgeschwindigkeit in der Bewegung ist nicht korrekt (mein GPS zeichnet ja alles auf), da ich mit dem Schiff über den Bodensee gefahren bin. Ein neuralgischer Punkt ist die Martinsbrugg. Diese Brücke überspannt eine tiefe Schlucht, die vom Fluss Goldach gegraben wurde. Strahlender Sonnenschein! Ich habe die Pilgerherberge telefonisch erreicht. Die Antwort war, ca. noch eine Stunde bis zur Herberge (20,-- SFR)! Aus der Stunde wurden, eineinhalb Stunden. Zeitweise hatte ich den Eindruck, dass ich bereits vorbei bin. Doch mit Geduld und Handy klappte es dann doch. Mein Schatz hat sich in den Urlaub nach Vietnam abgemeldet. Ich vermisse sie schon deutlich! Bisher war der Weg zwar anstrengend aber immer wieder wird man mit einer schönen Aussicht versöhnt. Schön war auch, dass Diana noch mit ihrer Familie nach Lindau gekommen ist. In der Pilgerherberge bin ich von zwei Frauen (Schwestern, keine Ordensschwestern) empfangen worden, auch ein Mann war da. Wie ich erfahren habe, heißt er Götz und ist aus Lausanne. Er hat heute Morgen in Rorschach begonnen und will nach Hause pilgern. Er hat ganz tolles Kartenmaterial aus dem Internet, muss unbedingt die Add. bekommen (www.suisse@mobile.ch). Huch, es ist schon 21:30 Uhr und ich bin gerade erst mit dem Abendbrot fertig. War vorher noch beim Bahnhof beim Einkaufen, morgen ist Sonntag! Wie weit ich morgen gehe, weiß ich noch nicht und die Sonnencreme muss ich wohl öfters erneuern. Sonnenbrand an beiden Armen! Jetzt ist Schluss!!!

Tageskilometer	Gesamtkilometer
35,7	111,31

03.04.2011 Von St. Gallen nach Wald

Sonntag ist es, Götz und ich unterhalten uns über Gott und die Welt. Wir kommen einfach nicht los. Muss noch abwaschen und Zähne putzen usw. Ich bin erst 09:30 Uhr endlich an der Herberge losmarschiert. Den Weg nach Herisau habe ich bei all den verschiedenen Wegweisern gefunden, mit dem Muschelzeichen ist der Weg gut markiert.

Erste Pause: Viele Schweizer radeln und gehen gemütlich spazieren, die meisten sind sehr freundlich. Ich hätte beinahe eine wichtige Abzweigung verpasst. Eine freundliche Frau wies mir den rechten Weg!!! Was steht bei Matthäus: „Sorgt Euch nicht…". Das Mittagessen oberhalb von Herisau auf einer Bank mit Aussicht, Feuerstelle, Wind - war schön!

Abbildung 11: Mittag oberhalb von Herisau

Mittagessen machen wird ständig besser und schneller. Werde morgen zwei Kartoffeln, zwei Möhren und zwei Zwiebeln kaufen, dazu einmal ein gekochtes Wammerl (Schweinebauch)! ? Lecker!!

Nachmittagspause: Der Weg ist anstrengend, viele Höhenmeter auf und ab! Alle Brunnen sind abgestellt, ich brauche bald frisches Wasser! Weiß immer noch nicht mein Etappenziel! Bei Wasser siehe NT- Matthäus: „Sorgt Euch nicht…"! Ein Junge brachte mir gutes Wasser aus dem Haus, denn zum Wasser im Brunnen meinte er: „Da hat's kline Tierle drin!" (Unangenehme Bakterien!) Navigations- und Entscheidungsstopp, Oberer Wittenberg, ich nehme den Campingplatz im Dorf Wald. Hoffentlich hat der schon auf!

Abbildung 12: Zeltaufbau in Wald

Habe den Campingplatz in Wald erreicht. Es ist ein optimaler Platz
zum Zelten. Der Platzbesitzer hat extra für mich Tisch und Stuhl
aufgestellt. So kann ich gemütlich essen und mein Tagebuch
schreiben. Habe für mich noch nicht geklärt, wie weit ich morgen
pilgern werde! Hatte das Glück mit der Besitzerin des Platzes zu
sprechen. Eine äußerst aufgeschlossene Frau von Anfang 90 (schätze
ich). Wir haben uns angeregt über die Politik dieser Tage und der
vergangenen unterhalten. Es ist ergreifend mit Zeitzeugen reden zu
dürfen. Sie erzählte mir von ihren Erfahrungen während des zweiten
Weltkriegs und von dem Verhältnis zur damaligen Administration
auf beiden Seiten der Grenze! Außerdem hat sie mir erklärt, nach
welcher Sage im Appenzellerland die Streusiedlungen entstanden
sind. „Vor langer Zeit kam ein Riese aus Österreich und hatte auf
seinen Schultern einen Sack voll mit Bauernhäusern. Die sollte er in
der Schweiz am Zürichsee aufbauen. Doch der Sack hatte ein Loch,
und so fielen nach und nach die Häuser im Appenzellerland auf die
Erde. Als der Riese dann am See ankam, war der Sack leer. Und als
er sich umsah, erkannte er, dass alles gut war und so ließ er es bis auf
den heutigen Tag". Hier ist ein Hinweis versteckt auf die Kaiser in
Österreich, und so gibt es ein bisschen ungutes Gefühl zwischen
Österreich und den Schweizern! Sie selber hat aber ein gutes
Verhältnis zu unseren österreichischen Nachbarn. Das Gespräch
wurde von ihrem Mann dann unterbrochen, weil sein „z'Nacht"
(Abendessen) haben wollte.

Tageskilometer	Gesamtkilometer
16,7	128,19

04.04.2011 Von Wald nach Rapperswil

Seit halb sechs bin ich wach, der Regen hat mich geweckt. Ich habe das Zelt schnellstens gepackt und im Vorraum der Dusche zusammengepackt und den Rest der Ausrüstung ins Trockene gebracht. Ich habe heute schlechte Laune? Regen! War gestern noch in einer Beitz (Lokal, Pils-Bar) auf ein paar Bier (15,-- SFR) und Handy aufladen! Mit ein paar Anwesenden habe ich mich unterhalten und alle fanden das toll was ich vor habe, ich war der Meinung ich fang ja gerade erst an. Die Übernachtung hat auf dem Zeltplatz 11,-- SFR gekostet. Der Regen ist deutlicher geworden und der Weg nach Rapperswil ist weit!! Ich habe mich entschieden die Straße zu nehmen, da der Jakobsweg über Wald- und Feldwege im Weideland geht und ich nicht ausrutschen wollte. Zunächst muss ich nach Wattwil kommen. In Peterszell habe ich erst mal Verpflegung für 13,-- SFR gebunkert.

Erste Pause: Passhöhe Wasserflüh – einen Apfel kann ich mir, bei dem scheiß Regen gerade noch leisten.

Auf dem Weg runter nach Wattwil hat sich meine Verdauung gemeldet. Die Mischung aus Calcium + Magnesium + MultiVitamin, ist wohl zu viel gewesen. Muss Magnesium (Mg) weg lassen!! In Wattwil/Bunt bin ich bei einer Shell-Tankstelle fündig geworden und der Tankwart hat mich in meinem Goretex und mit dem verzweifelten Gesicht angesehen, als wäre ich von einem andern Stern! Doch die Toilette gehörte mir!!!!!!!!!!!!! Orientiere mich jetzt Richtung Rapperswil. Werde noch ca. 10-15km laufen und dann den Postbus nehmen.

Mittag: Gehe weiter über den Weg der Radfahrer nach Ricken, von dort schauen wir weiter! Das Mittagessen war nicht so o.k. da das Esbit nicht reichte!

Nachmittagspause: Von hier sind es noch 20 km bis Rapperswil. Werde bis zur nächsten Postbus Haltestelle gehen, wo ich hoffentlich nicht zu lange auf den nächsten Bus warten muss. Bin total durchnässt. Das Goretex hält nicht ausreichend trocken! Bushaltestelle Freudwil erreicht und ich warte auf den nächsten Postbus. Ich nehme Kontakt zur Pilgerherberge auf. Kontakt o.k.! Ich habe einen Platz in der Herberge gebucht.

Ich bin in der Herberge in Rapperswil, sehr nobel. Heute sind wir 4 Pilger. Das ist das erste Mal, dass ich nicht alleine bin: Zwei Damen (60) aus der Schweiz, die eine ein „Profi-Pilger" und ihre Schwester, die übt das pilgern. Dann noch ein junger verheirateter Mann, der ein viertel Jahr Urlaub bekam, um nach Rom zu pilgern. Der junge Mann (ca. 30) und ich waren Pizza essen und hatten eine angeregte Unterhaltung. Heut habe ich kein Bier getrunken, sondern ein Glas Roten. Der Tag heute hat mich ganz schön verelendet. Die ganze Zeit der Regen und an der Straße laufen. Ich bin nicht den originalen Jakobsweg gegangen, da dieser über die grasbewachsenen Berge des Appenzeller Land führte. Ich hatte einfach Bedenken, dass ich ausrutsche und dann abbrechen muss. Der kleine Betrug, dass ich ca. 19 km mit dem Bus gefahren bin, der wird wohl nicht so schwer wiegen. Morgen geht es hinauf nach Einsiedeln. Dort soll auch eine Pilgerherberge sein. Das werden wohl reichlich Höhenmeter.

Tageskilometer	Gesamtkilometer
45	173,25

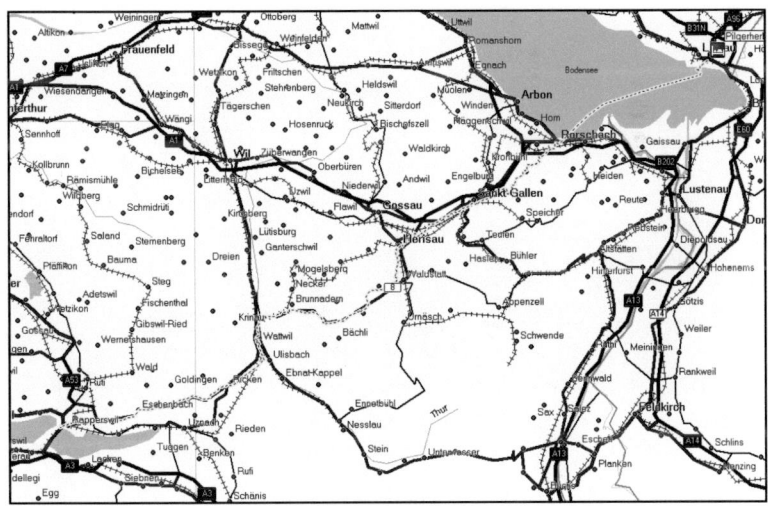

Abbildung 13: Strecke Lindau - Rapperswil

05.04.2011 Von Rapperswil nach Trachselau

Ausgaben gestern für Furage 13,-- SFR; Bus 4,50 SFR; Herberge 20,-- SFR; Pizza 34,-- SFR.

Ich werde meinen Poncho und das Zeltgestänge über Bord werfen. Der Poncho ist zu klein für das Zelt und das Goretex hat sich doch gut bewährt. Das einzige ist der Regen von vorne, da breitet sich das Wasser über das Gesicht auf der Brust aus. Und ist der Temperaturunterschied zwischen Innentemperatur und Außentemperatur zu gering, bleibt der Schweiß auf dem Körper und wird nicht durch das Goretex nach außen gelassen. Meine gestrige Befürchtung, dass sich eine Erkältung einstellt, hat sich nicht bewahrheitet. So wie weit gehe ich heute? Einsiedeln oder Alptal?

Erste Pause: Es ging steil bergauf von 407 m auf 536 m in ca. 55 min! Super Sonnenschein! Ich habe mich in Rapperswil vom Poncho und den Zeltstangen getrennt und der Diana erste Post geschickt.

Abbildung 14: : Blick auf den Zürichsee und im Hintergrund Rapperswil

Mittagspause: Habe bei Hixenstein Feuer gemacht. Es öffnet sich der Blick auf das Plateau von Einsiedeln. Besonders beeindruckend ist der Blick auf den Großen Mythen! Das macht dich klein! Gigantisch ist einfach zu gering beschrieben. Die ersten Glücksgefühle überkommen mich. Auf der linken Seite im Vordergrund der Sihlsee und die verschneiten Alpen dahinter. Auch hier ist gigantisch einfach zu klein um die Szene zu beschreiben.

Kloster Einsiedeln: Habe die Kirche kurz betrachtet, gebetet und dann Pause gemacht, um eine Entscheidung über das Tagesziel zu treffen. Trachselau ist in Reichweite. So bin ich nahe an der Haggenegg. Habe Quartier in Trachselau gemacht. 30,--SFR (Übernachtung mit Frühstück). Ich habe auf dem Zimmer Abendbrot gegessen, geduscht und bin auf ein Bier in die einzige Wirtschaft im Ort gegangen.

Abbildung 15: Ein Fußpilger vor dem Kloster Einsiedeln

Unterwegs kam mir ein Gedanke, den ich festhalten wollte, doch es hat nicht geklappt. Das nächste Mal werde ich gleich in der Pause meine Gedanken niederschreiben.

Tageskilometer	Gesamtkilometer
17,2	191,24

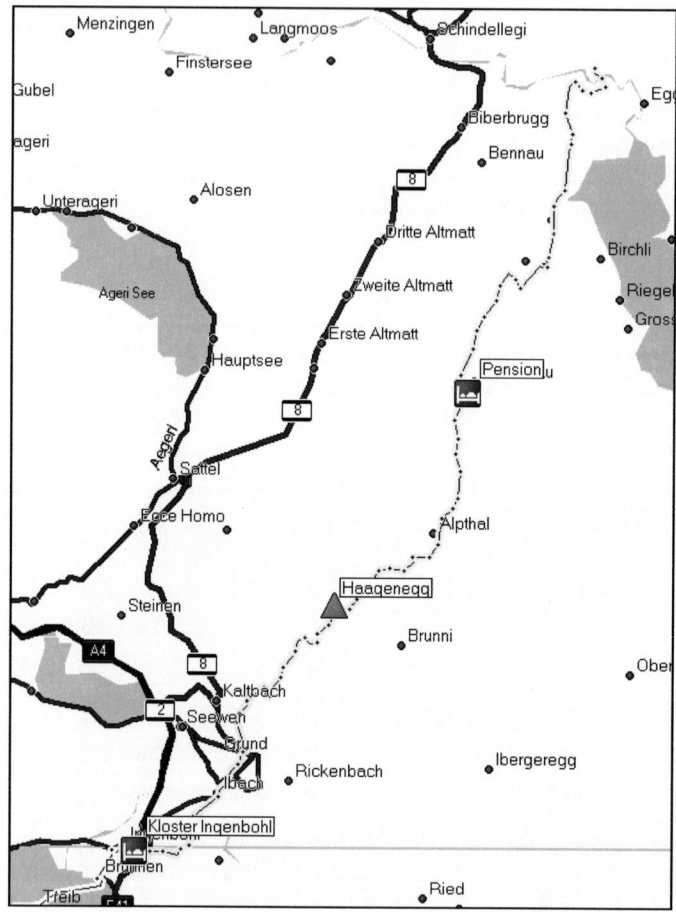

Abbildung 16: Strecke Rapperswil - Kloster Ingenbohl

06.04.2011 Von Trachselau nach Ingenbohl

Es war eine ruhige Nacht. Heute ist es bewölkt, aber es gab noch keinen Niederschlag. In der Kirche von Trachselau, werde ich meinen Stempel bekommen. Habe von Uschi gehört, dass sie in der Halongbucht wegen Nebel fest sitzen. Hoffentlich ist das bald

38

erledigt und sie haben es wieder schön. Zu gestern noch ein Wort: Dieser Anblick, auf dem Weg nach Einsiedeln auf die beiden Mythen, löste bei mir erste Anzeichen von tiefem Gefühl aus und ich konnte es auf den Wangen spüren. So nun wart ich noch bis 07:30 Uhr dann gibt es Frühstück und dann geht es auch gleich los.

Erste Rast: Ich bin auf der Haggenegg, die Wirtschaft ist zu, die machen erst am ersten Mai auf! Macht aber gar nichts, es geht auch ohne Bier. Obwohl ich sehr gerne eine Bratwurst gegessen hätte. Auf der Passhöhe hatte ich Schnee erwartet, stattdessen nur Sonnenschein und ich musste nur zwei Meter durch 10 cm hohen Schnee waten. Der letzte Riegel von Klemens ist nun gegessen. Habe auf dem Weg hierher an Uschi und Diana mit Familie gedacht und die beiden Kleinsten, Jaron + Jasmin (Jasmin war zu diesem Zeitpunkt noch nicht geboren). Der Herrgott meint es gut mit mir, das Wetter ist optimal. Wichtig: Auf Stahltischen ist der Empfang für das GPS invalid. Begründung: die Reflektionen liefern falsche Daten. Während ich das GPS beobachtete, drehte die Kompassrose, die Nordanzeige, total in die falsche Richtung. Wenn ich das Gerät von der metallenen Tischplatte nahm, war die Richtung wieder korrekt!

Abbildung 17: Brotzeit auf der Haggenegg

Abbildung 18: Blick von der Haggenegg auf den Vierwaldstättersee und Schwyz

Mittag: Diesmal waren die Kartoffeln besser durch! Die Schwestern aus Rapperswil haben mich beim Mittag überholt. Ich trocknete gerade Hemd und Unterhemd und rührte in der noch nicht fertigen Suppe.

Angekommen im Kloster Ingenbohl! Viermannstube für mich allein (ÜF 31,25 SFR; davon Kurtaxe 1,25 SFR). Schwester Irene hat mich eingewiesen. War bei der Vesper und am nächsten Morgen zur Laude und zur Messe! Das Schiff nach Beckenried geht morgen erst um 09:49 Uhr, so habe ich Zeit für alles. Leider darf der Pilger nur Handwäsche durchführen. War bei „Migros" einkaufen, habe wieder für zwei Mahlzeiten Material. Anschließend noch eine Rauchwurst mit einem Bier und die Welt war in Ordnung. Morgen werde ich von Brunnen nach Beckenried mit dem Schiff fahren, denn sinnlose Höhenmeter sind mir ein Graus. Schwester Irene macht morgen das Frühstück und nach der Eucharistie ist Zeit genug für mich.

Abbildung 19: Die Mythen von Ingenbohl aus und links der Sattel die Haggenegg

Tageskilometer	Gesamtkilometer
15,9	207,63

07.04.2011 Von Ingenbohl nach Bethanien

War heute um 06:45 Uhr in der Laude und anschließend in der Frühmesse. Schwester Irene hat zurzeit Pilgerdienst und hat uns Frühstück gemacht und einen Apfel für den Weg. Blöd nur, dass ich gestern zwei Äpfel für den Weg gekauft habe. Muss mit Klemens Kontakt aufnehmen, wegen Unterkunft in Kerns, vielleicht schaff ich es ja bis dahin! Simone hat mich angerufen und ich habe die Karwoche als Ankunft in Genf angegeben. Auch mit der Ivanka habe ich telefoniert; kurze Gespräche sind nicht möglich! Bin mit dem Schiff in Beckenried angekommen und die ersten Wegweiser entdeckt. Dann kann ich ja losgehen.

Mittag und erste Pause: Gekocht wird später oder erst morgen, muss mich langsam entscheiden, wie weit ich heute gehen will. St Niklausen wäre schon schön! Mist, es sind nicht alle Routen im GPS geladen. Keine Routen mit „N – Z" im Anfangsbuchstaben. Na toll, freies navigieren und den Schildern folgen!

Zweite Pause: Ein Bier, ich schaffe es bis St. Nikolaus und werde gegen 16:00 Uhr dort sein. Der Flugbetrieb in Stans hat mich abgelenkt! Auf los geht's los! Los!!!

Kloster in St. Niklausen erreicht: Bekomme dort ein Zimmer, 50,-- SFR dafür mit Halbpension. Bin um 18:25 Uhr im Haus Bethanien (so heißt das Kloster) angekommen und flugs ins Zimmer geführt worden, da um 18:30 Uhr Abendessen gereicht wird. Normal ist erst die Ausrüstung und dann der Mensch dran, aber heute ging es schnell, schnell duschen und dann zum Abendessen. Der Tischnachbar war ein Pfarrer, der hier seinen Altenruhesitz hat und dafür die tägliche Messe durchführt. Angenehme Unterhaltung. Das Abendessen war prima, ein drei Gänge Menü, Fleischsuppe mit Gemüsebeilage, Schinkenkäsetoast, sehr großzügig, Salat und Apfelquark als Nachspeise. Sitze jetzt nach dem Essen bei der Wäsche, Geschirr spülen und die Ausrüstung in Ordnung bringen. Nun kann ich über den Tag nachdenken und Pläne für morgen machen. Während der Strecke von Beckenried bis zur Entscheidung wo ich heute übernachte, war ich mir über das Ziel nicht wirklich im Klaren. Ich wollte eigentlich keinen Gewaltmarsch machen. Und wie oben beschrieben haben mich die Geräusche der Flugmotoren immer wieder in ihren Bann gezogen. → Schade!! Ich hoffte bereits jetzt mehr vom pilgern zu spüren. Meine Gedanken und meine Gefühle sind immer noch im Alltag. Für diese Jahreszeit ist es hier in Nidwalden und Obwalden zu heiß. Ich hatte eigentlich mit kühlerem Wetter gerechnet. Die Bauern klagen, zwar war ausreichend Schnee im Winter da, aber der ist zu schnell geschmolzen und jetzt regnet es nicht. Ich habe bereits die ersten Eidechsen beim Sonnenbaden gestört. Es wird wohl auch die nächsten Tage nicht regnen und ich komme mit 6 Liter Wasser so ziemlich hin, die ich in meinen Camelbag mittrage. So nun muss ich mir über die Strecke für morgen Gedanken machen. Der Plan für morgen, Brünigpass? NEIN! In Obsee oder in Lungern nach billiger Unterkunft suchen?

JA. Wichtig: Ich habe heute was von meinem Schatz gehört! Ach übrigens auch Sigfried und Ivanka habe ich angerufen.

Abbildung 20: Blick aus dem Zimmer in Bethanien

Tageskilometer   Gesamtkilometer

34,6   242,25

08.04.2011 Von Bethanien nach Lungern

Erste Pause: Vom marschieren her lief es bisher super. Habe zwar den Jakobsweg zeitweise verloren, bin dafür schön am See entlang gegangen. Hier gab es zwar eine einzige Feuerstelle, aber die in Obwalden sind einfach zu ordentlich und haben alles Altholz bereits weggeräumt. Also werde ich mein Mittagessen wieder kalt zu mir nehmen.

Zweite Pause: Manche Dinge erlauben keinen Aufschub! Gott sei Dank kam da eine Ortschaft daher. Ich hab ja seit Beginn der Pilgerreise eine schnelle Verdauung, ich sollte die Mineraltabletten nur noch einzeln in die Feldflasche geben. Erlösung und Belohnung mit einem Bier! Nun noch zu heute Morgen: Nach der Morgenmesse war das Frühstück sehr angenehm. Der Tischpartner war gleichermaßen der Zelebrant (derjenige der die Messe zelebriert), so war auch das Frühstück von kurzweiliger Konversation umrahmt. Die Verabschiedung ist, um diese Jahreszeit, bei den Schwestern und beim Personal für einen frühen Pilger ziemlich aufwendig. Ach und außerdem habe ich die Einsiedelei des Bruders Klaus kennengelernt (am Flüeli-Ranft). Er muss wohl mit verantwortlich sein für den Anschluss von Nidwalden und Obwalden an die Schweiz! So nun trink ich mein Bierchen aus und weiter geht es.

Ich bin am Campingplatz Lungern angekommen. Hier gibt es Waschmaschine und Trockner! Zelt steht und nun brauche ich noch etwas Geld und ein Abendessen.

Tageskilometer   Gesamtkilometer

17,1   259,36

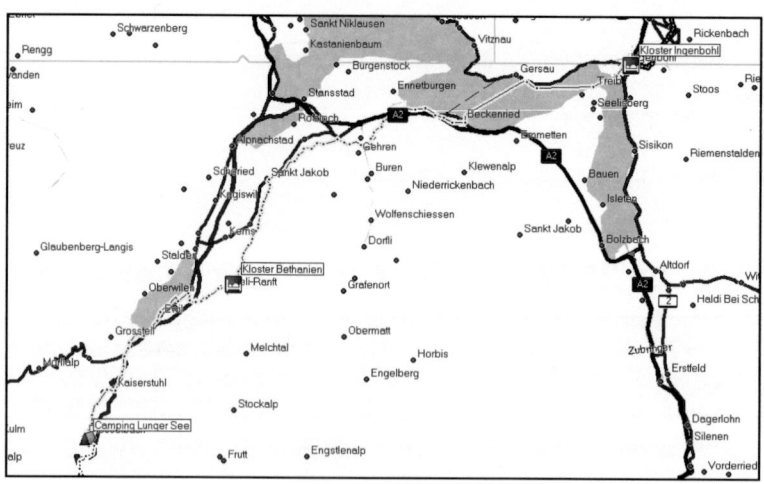

Abbildung 21: Strecke Kloster Ingenbohl - Lungenersee

09.04.2011 Von Lungern nach Ringgenberg

Nach angenehmer Nacht und kargem Frühstück bin ich den Brünigpass angegangen. Er war anstrengend, aber nicht sonderlich fordernd im Aufstieg: Gestern wollte ich noch eine Kleinigkeit essen und Geld holen, sowie Postkarten schreiben. Dann wurde aus der Kleinigkeit ein Pferdefilet Mjam! Mjam! Außerdem habe ich im Campingplatzlocal noch eine Stange (so nennt der Schweizer ein 0,33 l Bier) und ein „Blick" SUDOKU gelöst und Wetteraussichten gelesen! Monika aus Lindau hat mir ihre E-Mail-Add geschickt.

Erste Pause: Der Brünigpass ist bezwungen ich bin in Brienzweiler. Habe Diana den Brief geschickt und ein Bierchen getrunken. Der Abstieg zog sich dahin weil durch das viele Buchenlaub der Weg versteckt war und Unebenheiten nicht zu sehen waren. Ich bin sehr vorsichtig gegangen, da ich nicht meinen rechten Fuß verstauchen wollte. Ja mein rechtes Fußgelenk knickt gerne einmal ein und dann muss ich eine Weile Pause machen mit dem Laufen, bis sich die Sehnen wieder beruhigt haben. Teilweise war das Laub knöcheltief, Gott sei Dank war es trocken!

Zweite Pause: Das GPS macht was es will, die Daten sind nicht plausibel. Es hat sich selbstständig abgeschaltet. Ich werde mit dem Fehler weiterrechnen und erst daheim bei der Auswertung nachrechnen. Heute wieder kalten Mittag! Ordentliche Schweizer! Die Schifffahrt ist noch nicht wieder aufgenommen worden nach der Winterpause. So muss ich wohl laufen. Mal schauen, wie weit das auf dem Thunersee ist.

Dritte Pause: Suche nun nach Unterkunft. Wird wohl nicht so einfach sein hier am See!

Campingplatz! Habe meinen Schlafplatz eingerichtet und geduscht mit einer Illusion von warmem Wasser für 1,-SFR. Ich habe fast alles richtig gemacht beim Duschen. Geld eingeworfen und dann bin ich in Kabine zwei gegangen. Das war wohl die falsche Duschkabine!!!!!! Als ich fertig war mit dem Duschen stellte ich meinen Fehler fest. Die andere Duschkabine hatte warmes Wasser – Toll! Also jetzt steht es fest, das GPS hat Datenausfälle auf 5,5 km?

Also 279,99 km gesamt. Ich muss morgen mehr auf mein GPS achten! Zwischendurch hat es mich doch heute ein bisschen verelendet! Und dann noch das Einsamkeitsgefühl heute beim Zeltaufbau!

Tageskilometer   Gesamtkilometer

15,6   274,99

10.04.2011 Von Ringgenberg nach Hilterfingen

In der Nacht im Zelt gut geschlafen! Die Matte ist defekt, trotzdem kein Kältegefühl! Sollte irgendwo Klebeband auftreiben! Sitze jetzt beim Frühstück in Interlaken und Kastanienbäume versperren mir die Aussicht auf Eiger, Mönch und Jungfrau. Gestern gab es noch eine Bratwurst und jetzt einen sehr guten Zopf, so wie ihn mein Schatz und ich mögen? rupfig halt. So, jetzt kehrt Leben in mich zurück!!

Pause: Ich bin zufrieden! Mittag, in Merlingen bisher reichlich auf und ab auf guten Waldwegen oder auf der Straße. Werde etwas essen um für den Rest des Tages Energie zu haben. Quartier in Hilterfingen wurde bestätigt! Super! Muss nun einen neuen Kartenabschnitt laden! Grins!

Angekommen, in der Neb-Thun-Lodge in Hilterfingen, am Thunersee! Schönes Zimmer aber leider kein Trockner! Aber die Sonne brennt direkt auf den Balkon und ich denke, die Wäsche wird trocken. Morgen geht's nach Thun hinein und hoffentlich wieder hinaus. Mal schauen wie weit ich komme. Die Strecke am See entlang war zwar deutlich auf und ab, aber am Schluss der Asphalt war schmerzend unangenehm! Genau wie gestern. War beim Abendessen, das war die schlechteste Pizza in der Schweiz, das Ambiente -? „möchte gern!" Uschi scheint es gut zu gehen. So, ich werde noch ein bisschen lesen!

Tageskilometer   Gesamtkilometer

21,6   296,72

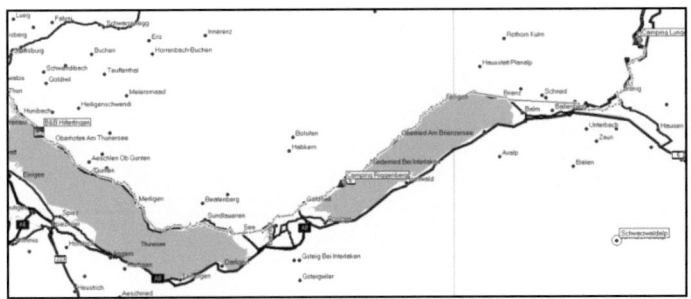

Abbildung 22: Strecke Lungenersee - Hilterfingen

11.04.2011 Von Hilterfingen nach Muribogen

Habe sehr gut geschlafen und würde mich freuen, wenn ich es bis Wattenwil schaffe! In Thun muss ich schon wieder Geld holen, denn das Wochenende war teuer obwohl ich zweimal im Zelt genächtigt habe. Die Planung mit meinem Verpflegungsvorrat war saumäßig! Ich bin von Samstag und Sonntag überrascht worden. → Schlamper!

Erste Pause, Allmendingen: Habe eingekauft! Juhu! Werde ein Ei essen und etwas trinken, auch habe ich in Thun Geld geholt.

Zweite Pause: Mache Mittagessen mit dem Rest an Esbit. Habe eine SMS von Siegfried erhalten mit dem Wetterbericht für die nächsten Tage. Heute noch gut, aber ab Morgen deutlich kühler und Niederschlag. Jetzt macht mein Handy schon was es will! Es will auch navigieren! Und lutscht den Akku leer und frisst Daten aus dem Netz! Thomas' Weihnachtsgeschenk, eine mobile Solaranlage zum aufladen von Handys, arbeitet.

Das Bed &Breakfast in Riggisberg war belegt! Bin dann telefonisch auf „Schlafen im Stroh" ausgewichen. Quartier – Zusage?! → Eine Stunde länger laufen und nochmal 60 Höhenmeter. Ergebnis → ?ein riesen Strohlager für mich allein (leider; wo bleibt Uschi?)

47

Abbildung 23: Strohlager

Abbildung 24: Wäscheschrank

Die Bäuerin hat mich in alles eingewiesen und hat mich dann von
Ihrem Barfußgang überzeugt. Also schnell duschen und umziehen
und ab ins Barfußabenteuer → Das ist nach langem Marsch ein
Wahnsinns-Gefühl. Und danach ein warmes Fußbad, mit Blüten der
Saison

Abbildung 25: Der Barfußgang

Das war so überzeugend. Nachdem ich meine Füße im Bad entspannt habe und das Wasser seine angenehme Temperatur verlor, trocknete ich die Füße ab. Und zum Absehluss der Pflege konnte ich meine Füße mit original „Muribogen Ringelblumensalbe" einkremen! Und was steht bei Matthäus: „Sorgt euch nicht…".Dieser Gedankengang kommt mir immer wieder in den Sinn. Wie idiotisch ich ihn in einer Lesung während einer Sonntagsmesse empfand, umso inhaltlicher wird er hier auf diesem Weg.

Tageskilometer	Gesamtkilometer
26,5	323,24

12.04.2011 Von Muribogen nach Freiburg

Nach einer Nacht im Stroh war ich ausgeruht und bekam ein reichliches Frühstück mit Käse von hier, Erdbeerkonfitüre (selbstgemacht) und Himbeerjogurt (natürlich auch selbst gemacht!). Der Weg nach Schwarzenburg war angenehm, der Regen, der angekündigt war, ist nur schauerartig und nicht bedrückend. Das GPS hat sich wieder selbst abgeschaltet! Ich weiß nicht warum.

Erste Pause, Schwarzenburg: Diesmal in der Wirtschaft, wegen Wind und Toilette!

Zweite Pause am Tag. Ich bin in Tafers angekommen und das schneller als erwartet. Nun scheint Freiburg nur noch eine Stunde entfernt. Hoffe in der Zeitangabe zu bleiben, da meine Hose geflickt oder weggeworfen wird. Ersteres ist mir lieber, damit sie noch bis Genf hält. In Tafers noch das Hühnchenwunder (hierzu komme ich später) betrachtet. Mit dem Wetter geht es, hatte es mir schlimmer vorgestellt.

Fribourg ist genommen! Ich wurde wirklich zum tiefsten Punkt von Freiburg geführt um anschließend wieder auf den Berg gejagt zu werden. Puh, die Jugendherberge habe ich dann auch gefunden! Ich liege im Achtbettzimmer, mit irgendwelchen jungen, französisch sprechenden Kerlen! Beim letzten Wechsel von Regenschutz auf ohne Regenschutz, hat meine Wanderhose ein vernehmliches Geräusch gemacht. War in der „Migros" und habe mir Nadel und Faden gekauft! Werde wohl heute noch nähen müssen. Die Hose sollte noch bis Genf halten, das heißt, mindestens noch drei Tage! So, für weitere Entscheidungen muss ich Simone kontaktieren. Gut, ich denke ich muss noch bis morgen warten denn ich erreiche Simone nicht.

Tageskilometer	Gesamtkilometer
23,4	346,71

13.04.2011 Von Freiburg nach Romont

Erste Pause, Posieux: Ich habe gestern Abend meine Hose nach dem Abendessen noch genäht! Bis jetzt hält sie, wie gesagt drei bis vier Tage sollte es noch so gehen. Die Nacht gestern im Stroh war angenehmer als die letzte, schon allein wegen der frischen Luft. Nicht so ein Pumakäfig wie im Achtbettzimmer in der Jugendherberge. Heute will wohl nicht so recht laufen! Habe noch keine Ursache, außer, dass ich jetzt weiß, dass ich eine linke Ferse habe, seit vier Tagen! So nun genug gemault und weiter geht es!

Zweite Pause, Mittag, Autigny: Die Frage ist, bekomme ich ein Feuer an und genug Holz zum Kochen? → Ich probiere es! Es ist eine alte Feuerstelle! Überraschenderweise brennt es wie Zunder und die Suppe kocht! Nach nur fünfzehn Minuten. Heute werden wohl die Kartoffeln und die Möhrchen durch! Das Essen war gut und der Bach hat mir beim Löschen und Abwaschen geholfen. O.k.

Abbildung 26: Endlich ist alles durchgegart

Apfelpause: Romont ist in Sicht und ca. vier Kilometer entfernt! Ich sag einmal, ich habe es geschafft! Puh, jetzt noch einen Apfel, dann geht es weiter.

Ziel erreicht, Romont: Habe Quartier bei B&B genommen und Blick auf die Grand Rue von Romont! Ein bisschen chaotisch im Haus – Frau mit einem eigenem und drei weiteren Kindern, als Tageskinder. In ihrem Wohnbereich herrscht organisiertes Chaos! Im Gästebereich ist alles tipp top! Halt Altbau. Ich habe ein Vollbad genommen und hatte kein schlechtes Gewissen, trotz des geringen Preises und dass sie meine Wäsche wäscht. Die Wäsche wird gewaschen und dieses Mal ist auch der Schlafanzug dabei, denn, wie ich immer schon schreiben wollte, zwischen 23:00 Uhr und 01:30 Uhr wache ich, seit ich unterwegs bin, immer schweißgebadet auf! Ich träume nicht und fühle mich auch sonst wohl. Weiß also nicht woher das kommt. Zwei, dreimal drehen, dann schlaf ich wieder. Es war bisher jede Nacht so, komisch. Heute nach dem Einkaufen habe ich auf dem Zimmer zu Abend gegessen! War richtig fein so wie heute Mittag, also ich glaube nicht, dass ich das Kochgeschirr heim schicke. Die Hosennaht von gestern, hat unterwegs die erste Prüfung bestanden, schauen wir mal, was in der Waschmaschine passiert. So, Schluss für heute, muss noch die Folie kleben für meine Kartentasche und die Tour für morgen vorbereiten, sowie etwas lesen!

Abbildung 27: : In diesem Ort habe ich Übernachtet, Romont, Apfelpause

Tageskilometer   Gesamtkilometer

22,3   368,97

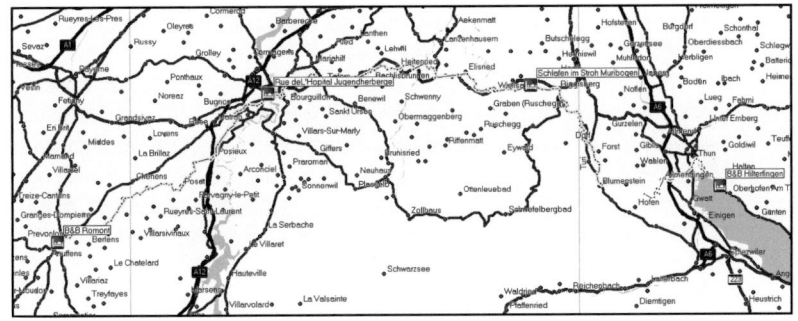

Abbildung 28: Strecke Hilterfingen - Romont

14.04.2011 Von Romont nach Châlet-à-Gobet

Erste Pause: Auf dem Weg von Romont nach Moudon ca. fünf Kilometer vor Moudon. Nach einem guten Frühstück mit Safranbrötchen mit Butter und einen Aufstrich aus „gemahlenen Senfkörnern Birnendicksaft und Zimt", das muss man auch mögen. Auf dem Weg zum Sendemast (eine markante Landmarke, auch im Reiseführer) fiel mir eine Formation von Luftfahrtzeugen auf: Eine einmotorige Turbopropeller, eskortiert von einer F-16, Fighting Falcon der Schweizer Flugwaffe, und gedeckt von einer weiteren F-16 in sechs Uhr Position, Richtung Genf Airport denke ich. Ich plane, dass ich über Moudon hinausgehe, weiß aber noch nicht! Simone gibt auf SMS keine Antwort. Werde sie in der nächsten Pause anrufen.

Mittag in Moudon: Ein Sandwich gegessen und ein Bier getrunken.

Dritte Pause: Der Nordwind treibt mich in Richtung Süden. Hier in Mezières (VD) gibt es keine Unterkunft, jetzt muss ich zum Bus greifen, der soll um 17:26 Uhr hier abfahren.

So jetzt sitze ich in der Schweiz das zweite Mal im Bus, leider, denn bis zur nächst möglichen Unterkunft ist es einfach zu weit, ca. zwei ein halb Stunden. Bei 33,1 km aus dem Bus gestiegen und dann zum Campingplatz, der nur so halb auf hat, marschiert? 33.1-24,4= 8.7

km bin ich mit dem Bus gefahren. Zelt steht und beim Bezahlen bekam ich 2,-- SFR wieder raus, weil ich ein Pilger bin, also 18,-- SFR statt 20,-- SFR. Nun noch den Plan für morgen. Jetzt regt mich auch noch mein Handy auf! Es hat mal wieder nach Karten gesucht und will mich navigieren. Dabei hat es zu viel Strom verbraucht und ich muss schauen wie ich es wieder aufgeladen bekomme. Pfui! Die einzige Steckdose zum Aufladen ist im Waschraum und somit mein Handy ohne Aufsicht!?!?!? Aber was bleibt mir denn anderes übrig.

Tageskilometer	Gesamtkilometer
34	402,99

15.04.2011 Von Châlet-à-Gobet nach Rolle

Service- Metro: 78% Luftfeuchte - 1012 HPs - 873 müNN - 0° Celsius

Die Nacht war o.k. ich habe gut geschlafen, nur der Wind und die Blase haben mich einmal geweckt. Ach übrigens mein Handy ist satt. Beim Zeltabbau stellte ich Eisansatz an der Zelthaut fest und da wurde mir klar, warum meine Finger so klamm sind. Es ist jetzt zehn nach sieben und vielleicht bekomme ich hier ja noch einen heißen Kaffee zum Frühstück und dann geht es los. Ach, übrigens gestern habe ich noch die Isomatte mit eigenen Mitteln instandgesetzt? Es

Abbildung 29: Ein Blick auf die Dächer von Lausanne

hält.

Bin in Port Ouchy angekommen nach 2:30 Stunden bergab gehen und davon 90% auf Asphalt und entlang belebter Straßen! Muss mich jetzt mal mit der Strecke vertraut machen, denn den offiziellen Weg habe ich bereits vor einer Stunde verloren. War ja nicht schlimm, geht ja alles bergab und in Richtung Südwest. Die Stange (0,33l Bier) kostet dort 8,--SFR, ganz schön teuer. Target (Ziel) für heute ist St.Prex, da Simone am Montag außer Haus ist, gehe ich es ein wenig langsamer an und erfreue mich an der Gegend. Ach der arme Richy, als Sohn kümmert er sich während meiner Pilgerfahrt um den Rasen und um unser Haus, kämpft mit dem Rasenmäher. Ich habe die 400 km Grenze überschritten.

St.Prex erreicht! Angegebene Adresse im Outdoor existiert nicht mehr. Im Tourismusbüro nach Hotels gefragt! Alle wollen keine Pilger haben. Alternative ? Campingplatz; schon wieder! Ein zufällig anwesender Lieferant kann etwas deutsch und hat sich bereiterklärt, mich bis zum Campingplatz in Rolle mitzunehmen. 33,9-24,1=9,8 km wieder gefahren. Nun ist der Plan, bis zum Dienstag langsam nach Genf zu wandern. Und wieder wird alles über den Haufen geworfen. Ein B&B im nächsten Ort war auch besetzt, das heißt für mich, dass mehr Pilger unterwegs sind als ich dachte. Wenn ich nach dem Pilgerführer handeln würde, wäre ich genau am Montag bei

Simone, aber sie ist Montag auswärtig beschäftigt. Das heißt ich sollte frühestens am Dienstagmittag dort ankommen. So nun plan mal schön!

Abbildung 30: Das letzte Mal im Zelt geschlafen in Rolle

Tageskilometer	Gesamtkilometer
33,9	437,04

16.04.2011 Von Rolle nach Gland

Die Nacht war o.k. ich bin heute sogar bis sieben Uhr liegengeblieben. Außerdem habe ich mir Zeit gelassen beim Abbau des Lagers. Ich trinke noch einen Kaffee für 4,--SFR und dann gehe ich bis Gland, dort soll es eine Pilgerherberge geben.

Abbildung 31: Typisches Frühstück in der Schweiz beim Zelten

Wie gesagt, ich habe Zeit bis Dienstag. Was soll ich mit dem Zelt machen? Weiter bis Lourdes schleppen? Die Erfahrung der letzten Tage zeigen auf jeden Fall den Vorteil auf! Oder soll ich sagen: „Sorgt euch nicht…". Ich stehe vor der Herberge und kann nicht rein, wegen meiner fehlenden Sprachkompetenz (französische Schweiz).

So jetzt ist es 14:00 Uhr und alles ist erledigt (fast alles) die Waschmaschine läuft noch 1:30 Stunden. Auch Geld ist wieder im Geldbeutel und beim „Denner" war ich auch schon. Ich bekam Einlass in der Herberge. Einfach, übersichtlich sauber! Beim „Denner" gab es kein Schweinefleisch mehr, also musste ich etwas anderes, passendes suchen. Ja, zwei Beinscheiben vom Kalb. Daraus wurde dann in der Küche ein vortreffliches Pilgersüppchen à la Stephan gekocht. Sogar war alles gar. Vorher noch einen Tomatensalat, so wie ich ihn mag, mit gut Zwiebeln und Olivenöl. Der Abwasch ist erledigt, sodass ich vor der Herberge in der Sonne liege und lese. Gut hab ich meine Badehose dabei. Auf dem Weg hierher begegnete mir ein Pilgerheimkehrer! Er sei in der Gegend von Le Puy gestartet und wollte noch bis Rolle, um dort seinen Zug nach Hause zu erreichen. Ich denke, er hat es geschafft und wird gegen 23:00 Uhr daheim sein. Er hat mir empfohlen, das Zelt in Genf zu lassen. Nun aber etwas Sonne tanken und Mittagsschlaf.

Tageskilometer	Gesamtkilometer
10,9	447,95

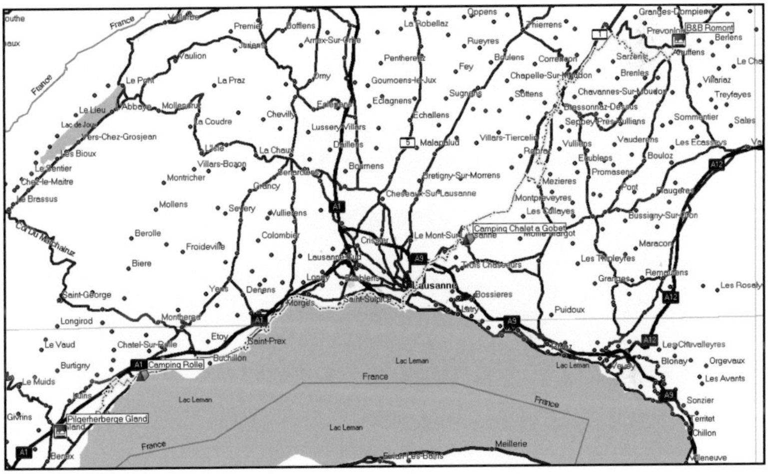

Abbildung 32: Strecke Romont - Gland

17.04.2011 Von Gland nach Commugny

Erste Pause: Von Gland aus ging es nach einem guten Frühstück (war ja gestern einkaufen) und einem schlechten Kaffee (1. Aufgußkaffee seit sehr vielen Jahren wieder) endlich los. Die Quartierfrage Sonntag auf Montag drängt mich relativ nahe an Genf heran. Irgendwie doof. Bin ich froh, dass ich alleine unterwegs bin und sonst keine Rücksicht nehmen muss! Dieses Hemmnis wirkt sich ganz schön auf meine Laufmoral aus. Ich will nach Frankreich! Hier oberhalb vom Genfer See ist entweder Industrie oder mondäne Luxusbauten und nur Asphaltbelag.

Zweite Pause: Sitze in Founex auf dem Dorfplatz und keine Kneipe im Ort! Wo treffen sich die Leute hier bloß? Keinen Toast, dafür einen Powerriegel, kann ja morgen wieder einkaufen. Übrigens die Blase am rechten kleinen Zeh hat doch aufgegeben, sie ist einfach nicht mehr da. Bis Commugny sind es ca. 2,5 -3 km, mal sehen ob ich B&B finde. Huch, ich hab Glück, das geschlossen geglaubte Hotel gab mir doch ein Zimmer mit Dusche und WC, aber ohne Mittagessen. Gott sei Dank hat es ein paar Meter weiter ein Lokal, das am Sonntag auf hat. Wein (weiß) von hier und Spaghetti Bolognese. Gestern Abend, Samstag, rief ich Simone gegen 21:00 Uhr an und fragte, ob ich denn am Montag kommen könnte, sie machen jetzt doch keinen Ausflug. Die Kinder seien angeschlagen! Folgt daraus → Ich muss mich bremsen und eine Nacht mehr in der Schweiz bleiben! Ab jetzt ist die Unterkunft teuer. Schade eigentlich. Vom Zeitablauf bin ich nach Planung, dann immer noch zwei Tage vorraus, doch das rumsitzen ist auch nicht so lustig.

Tageskilometer	Gesamtkilometer
15,8	463,79

18.04.2011 Von Commugny nach Genf

Ich muss nochmal einen langsamen Tag einlegen. Habe heute spät gefrühstückt. Mein Schatz wird wohl bereits im Flieger sitzen; vom Urlaub nach Frankfurt. Mal schauen was mein Tag so bringt.

Erste Pause: Versoix, zum Teil sehr schöner Weg.

Zweite Pause: Ich werde Simone anrufen und heute zu ihr gehen!

Bei Simone angekommen: Ich ziehe mich um und gehe ins Städtle, habe ja bis 20:00 Uhr Zeit. Simone hat alles bestens organisiert! Der Rucksack wurde von ihrem Schwiegervater aufgeräumt. Und als ich Zugang zu ihrer Wohnung hatte, habe ich mein Paket überprüft, das ich schon vor Wochen zu ihr geschickt habe, und keine neue Wanderhose gefunden aber sonst war alles wie erwartet vorhanden. Ich konnte ja nicht wissen, dass ich so abnehme, dass mir meine Hose nicht mehr passt. Ja es ist schon erstaunlich, wie die Pfunde purzeln. Ich bin ja gespannt wie das am Ende aussieht mit meinem Körpergewicht.

Die Ausrüstung und meinen Pilgerführer habe ich ausgetauscht. Den Rest des Tages verbrachte ich damit in Genf rum zu hängen. So jetzt muss die Hose bis Le Puy halten. Mein Schatz, ich bin einen Tag zu früh in Genf. Es ist spät und ich habe es mir auf meiner Isomatte und in meinem Schlafsack im Zimmer der Tochter bequem gemacht. Freue mich auf Frankreich, obwohl die Beschreibungen im Buch nicht mehr so gut sind und die Kosten wohl steigen. Na dann!

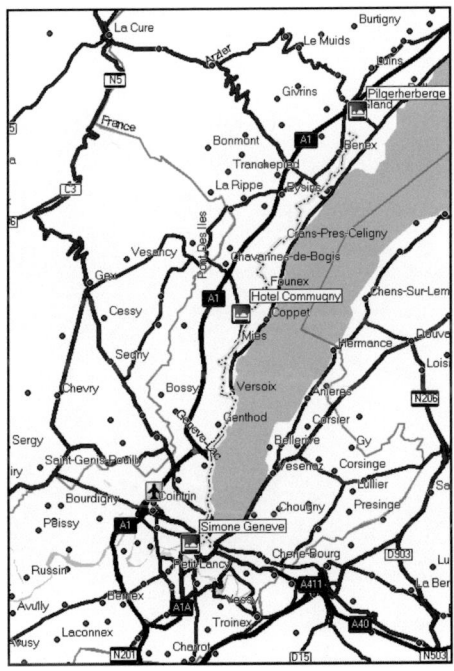

Abbildung 33: Strecke Gland - Genf

Tageskilometer	Gesamtkilometer
15,2	479,01

19.04.2011 Ich bin Frankreich angekommen. Von Genf nach Beaumont

Erste Pause: Frühstück und Abschied von Simone und ihrer Tochter waren recht herzlich. Sie hatte mit mir ein ganzes Programm vor! Sie und ihr Mann haben alles super organisiert. Doch ich habe mich verabschiedet, denn es drängte mich weiter Richtung Frankreich. Den Stempel für meinen Pilgerpass habe ich nicht an der angegebenen Stelle (Outdoor, Reiseführer) gefunden, macht nichts. Habe von meiner Nichte gehört, dass mein Schatz im Zug sitzt und nach Hause fährt.

Abbildung 34: Die erste Pause in Frankreich

Abbildung 35: Manchmal lohnt es sich nicht die Zeit bis zum Ziel zu formulieren

Abbildung 36: Motivationsplakat

Zweite Pause: Mittag, ich muss jetzt Platz sparen, für meine Notizen auf den Rückseiten der Landkarten. Es gibt das Tagesmenu, Hähnchenschlägel mit Kartoffeln und Salat. Das war das erst beste Lokal auf der französischen Seite

Erste Gîte (Unterkunft oder Herberge) erreicht! O.K. muss mich erst daran gewöhnen, dass jetzt alles in der Unterkunft einfacher ist.

Ein australisches Ehepaar und eine junge

Schweizerin sind auch da. Wir unterhalten uns blendend. Und die Hose bekommt eine weitere Chance, ich sitze da mit Nadel und Faden und gebe mir alle erdenkliche Mühe die Hose so lang wie möglich zu erhalten.

Abbildung 37: Erste Gîte von außen und von innen

Tageskilometer	Gesamtkilometer
17,5	496,51

20.04.2011 Von Beaumont nach Chaumont

Erste Pause: Habe mich gestern noch gut mit den Australiern unterhalten (sie 70 Jahre, er 72 Jahre). Die Nacht war O.K. bis auf ein paar Bienen! Der Weg war bisher angenehm, aber sehr auf und ab! Das kommt wohl daher, dass ich mich verlaufen habe und die Australier mit gezogen habe. Schön war allerdings, dass ich Buchen gesehen habe, die sehr alt waren und unheimlich angenehm waren. Ja, Bäume strahlen Ruhe aus und das liebe ich sehr.

Abbildung 38: Eine kleine Pause

Zweite Pause, Mittag: Habe eine Feuerstelle entdeckt und nun geht's. Das Feuer brennt und das Süppchen kocht.

Dritte Pause: Mittag war perfekt, jetzt noch einen Apfel und in ca. einer Stunde bin ich am Tagesziel.

Gîte erreicht: Die letzten Meter waren schon fordernd? Die leichten Schuhe haben sich heute nicht bewährt. Das Gelände war doch zu bergig. Werde morgen wieder die Bergschuhe anziehen. Die Crew von gestern ist wieder vollzählig und ein weiteres Ehepaar aus Deutschland ist dazu gekommen. Mit Nicole, der Schweizerin, habe ich mal den nächsten Tag besprochen. Ggf. gehen wir gemeinsam in einen Wohnwagen. Jeder in seine Ecke und sein eigenes Bett. Lustig was so alles passiert!

Abbildung 39: Die Australier, Ute & Dieter

Tageskilometer   Gesamtkilometer

22   518,6

21.04.2011 Von Chaumont nach Seyssel

Erste Pause: Habe Geld geholt, und Verpflegung gebunkert. Nun muss ich noch das Nachtquartier buchen. UNO Caravan? Checken! Der gestrige Abend verlief harmonisch und heute das Frühstück auch. Bin froh, wieder auf dem Weg zu sein.

Zweite Pause: Die erste Pause war ja nur ein technischer Halt, jetzt ist Pause. Nicole ist auch gerade angekommen und macht ein Päuschen, die ist ganz schön schnell. Ich werde noch meine Brüder über SMS unterrichten. Die Wege bisher sind nicht geteert und angenehm zu laufen. Schön ist der Gesang der Vögel hier oben. Tagesziel erreicht und Wohnwagen übernommen 20,--€

Tageskilometer   Gesamtkilometer

16,7   535,37

22.04.2011 Von Seyssel nach Crémon

Erste Pause: Nach einem unterhaltsamen Nachmittag mit Nicole und einer mäßigen Pizza waren wir um acht in unserem Quartier. Die Nacht war kühl und das Frühstück karg. Nicole ging dann mal los und ich marschierte auch los. Nach zwei Stunden trafen wir uns an einem Rastplatz und liefen danach zusammen weiter. Dann riefen Nicoles Eltern an, sie sind in der Nähe und bringen eine neue Kontokarte. Ihre alte funktionierte nicht mehr. Da musste Nicole umkehren und ihren Eltern entgegen gehen.

Zweite Pause Mittag: Habe einen schönen Platz gefunden! Mittag war super, sogar mit Bauchfleisch! Nicole hat ihre Eltern getroffen, jetzt geht ihre Mutter mit ihr ein Stück. Ich pack es dann auch wieder. Mittag eine Stunde.

Dritte Pause: Brauchte dringend Wasser und habe in der Kneipe ein kleines Bier getrunken. Gleich geht es weiter! Habe gerade festgestellt, dass ich die „Gelbe Schleife" verloren habe, die mich an meine Kameraden in Afghanistan erinnert. Ich besitze ja noch mein „Shemag" und dies wird mich weiter an sie erinnern.

Vierte Pause: Apfelpause! Die letzten Kilometer bis zur Gîte Moulin sind hart, ich will nicht mehr. Es ist nicht einfach die Gîte zu finden, doch schließlich gelang es mir doch.

Tageskilometer	Gesamtkilometer
26,2	561,61

23.04.2011 Von Crémon nach St Maurice-de-Rotherens

Erste Pause: Die letzte Gîte war super! Es gab ein Abendessen genau nach den Bedürfnissen eines Pilgers: Nudelsalat mit Farfalle und Tomaten, danach Schweinekotelett auf warmen Gurken, Käse, Rosmarin. Als Nachtisch, Frischkäse mit Sauerrahm. Der Garten der Moulin ist eine Schau! Ein Bach stürzt sich über Felsen hinab.

Heute Morgen begann es zu regnen, aber ohne Gegenwind, das war
O. K. Der Weg zur Kapelle geht ununterbrochen bergauf und ist
fordernd. Und danach bergab. Was sehr, sehr anstrengend und
gefährlich war, da der Regen die Erde und die Wurzeln rutschig
gemacht hat. Ich war sehr froh als ich gesund unten war und aus dem
Wald heraus trat. Der Wald war zwar schön, ich konnte ihn aber
nicht genießen. Viele Buchsbäume! Sitze in Yenne in einer Bar und
mache Pause! Fast hätte ich es vergessen, entlang der Rôhne ging ein
schöner Weg durch die Auenwälder. Diese Wälder sind voll mit
Bärlauch, der gerade in Blüte steht.

Abbildung 40: Der Blick nach vorne und zurück

Mich hat das alles sehr beeindruckt, „Gefühle". Betäubt von dem
angenehmen Geruch, jetzt kommt es langsam wieder, denn ich bin
allein. Das Gefühl unterwegs zu sein und sich selber zu fühlen und
frei von Verantwortung zu sein. Nicole ist zwei Stationen hinter mir!
Zwar denke ich an die Bekanntschaften der letzten Tage, bin aber
froh wieder ohne Ablenkung zu sein! Danke!

Zweite Pause: Mittag kochen. Das Essen ist in einer Stunde fertig;
d.h. Holz sammeln, Feuerstelle herrichten und entzünden, Wasser
aufsetzen, Gemüse schälen und zerkleinern.

66

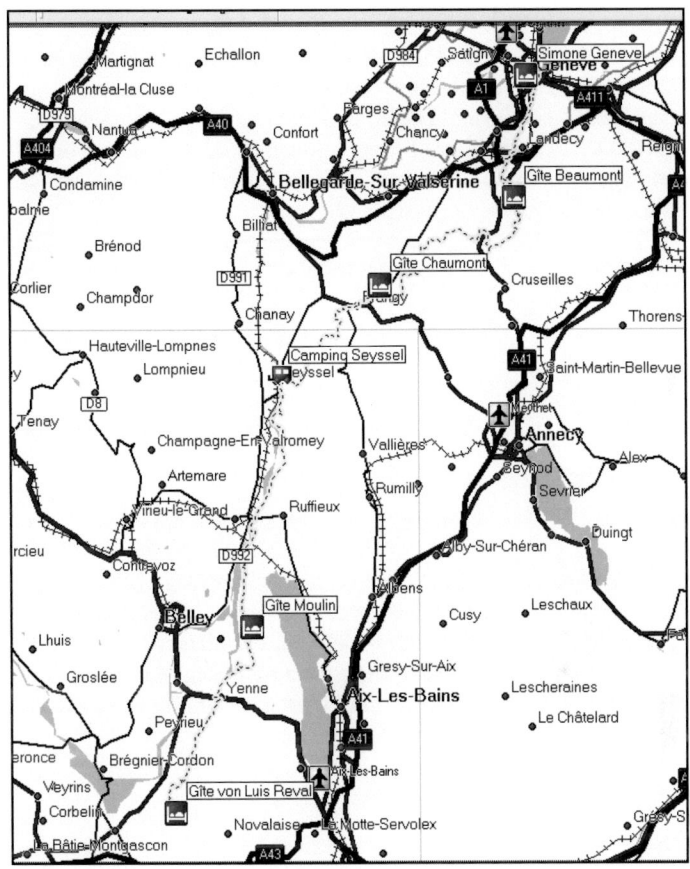

Abbildung 41: Strecke Genf – Reval

Der leichtere Weg, den ich wählte, führte bisher vier Stunden
bergauf bis zum Col de Tournier. Nach meinem Höhenmesser 836 m
NN, nach Anschrift 851m NN?

Um 17:00 Uhr habe ich die Gîte erreicht. Im Gegensatz zu gestern,
ist es heute sehr lustig, während dem Abendessen haben wir Pilger
uns gut unterhalten. Nun, die Skihütte in Missen, ist etwas besser,
dort verbrachte ich manche Woche im Witter während meiner Zeit
bei der Bundeswehr. Gestern wurde ich sehr verwöhnt, Pascale trug
ein sehr feines Essen auf und heute ist das Essen gut,

Hausmannskost. Wichtig ist, ich habe das Ziel für heute erreicht. St Maurice de Rotherens. 1 ½ Etappen nach Buch. Blöd nur, dass ich jetzt an der 4. Zehe rechts unten eine Blase habe. Werde diese beobachten. Auch Ute und Dieter sind auch hier (aus Montebauer), so wie die Deutsch-Belgier (2 Mann), die auch schon in Coumont waren, aber dort keine Unterkunft mehr bekamen. So jetzt werde ich SMS'en und die Route für morgen planen.

Tageskilometer	Gesamtkilometer
23,4	585,05

24.04.2011 Ostersonntag: Von St Maurice-de-Rotherens nach Le Pin

Erste Pause: Die Gîte war einfach, Louis Revel war ein sehr aufmerksamer und fürsorglicher Herbergsvater, heute Morgen hat er mich in seine Kapelle zur Andacht gebracht. Der Weg bis hierher war angenehm und das Verhältnis zwischen weichen und harten Wegen ist zu Gunsten der weichen deutlich verschoben, im Gegensatz zur Schweiz. Vorhin hatte ich zum ersten Mal eine Begegnung mit Hunden und das mit Labrador, war o.k. So jetzt ist Pause.

Zweite Pause: Schöner Platz für Pilger hergerichtet.

Abbildung 42: Hier lässt es sich gut Pause machen

Ich habe Les Abrets erreicht Es hat hier 32° C und eine leichte Brise. Ich habe mich für den nächsten Ort entschieden, Valencogne. Langsam mach ich mir nicht nur wegen der Hose Sorgen. Der linke Bergschuh lässt auch langsam nach. Hoffentlich hält er noch den Ostermontag durch und bis zur nächsten Stadt, denn momentan ist alles hier sehr ländlich!

Vierte Pause, Apfelpause: Der erste Versuch ein Bett zu bekommen schlug fehl! Kein Anschluss unter dieser Nummer. Ich schau vor Ort!

Ich bin vor Ort und die Gîte existiert nicht mehr. Die anderen sind voll! Ich musste mich für weitere 10 km entscheiden und habe dort eine Zusage für eine Übernachtung erhalten. Ich bin in Le Pin angekommen. 9 km weiter als geplant. Bin mal wieder einziger Gast im Haus, und das ist o.k. Ein Zimmer für mich mit allem und HP. „Sorgt euch nicht…" Es scheint sich um ein altes Bauernhaus handeln. Der Fenstersturz ist hier, wie üblich aus Holz und nicht aus Stein. Werde Nicole mal Frohe Ostern wünschen. Die letzte Nacht im Stockbett für 38,--€ HP, heute im Einzelzimmer für 35,--€ HP.

Tageskilometer	Gesamtkilometer
33,8	618,83

25.04.2011 Ostermontag:. Von Le Pin nach Faramans

Erste Pause in Grand Lemps: Ab jetzt ist es wohl ebener. Das Abendessen gestern: Vorspeise: Tomaten mit Mozzarella an Basilikumsauce, Lachsfilet mit französischen Bratkartoffeln und zum Nachtisch frische Erdbeeren. Mhm. Ich bin guter Dinge, dass ich heute ähnliche Kilometerleistung schaffe. Nun ist erstmal mein Schatz dran. Ich werde meine Informationen übermitteln.

Zweite Pause: Hier gibt es nichts zu sagen!

Dritte Pause, Faramans: Unterkunft ist bestellt. Eine 20-jährige Wienerin begleitet mich jetzt. Es ist sehr kurzweilig. Wir unterhalten uns über Politik, Camino und Militär. Sie studiert nach eigenen Angaben etwas Ähnliches wie Politikwissenschaften in Wien. Ich muss mich jetzt duschen und dann geht es weiter im Programm mit Hose flicken und Tagebuch führen. So jetzt bin ich geduscht. Ich habe die Unterkunft rechtzeitig erreicht, denn jetzt hat ein Wärmegewitter eingesetzt. Nichts Wildes, aber schön, dass ich in meinem Zimmer sitze. Den Namen der Wienerin habe ich leider vergessen (schade). Ihrer Ansicht nach, macht man auf dem Camino keine Pausen, sondern denkt nach, liest ein Buch oder schreibt, d.h. man setzt sich mit sich selber auseinander. Das sei der Unterschied zum normalen Wandern. Ich denke sie hat recht! Ich zum Beispiel schreibe meine Gedanken und Gefühle auf, meistens jedenfalls. Ach ja Nicole hat sich gemeldet, sie ist in der gleichen Unterkunft in Le Pin wie ich letztens war, na und was sagt sie: „sie is u freundlich... ist ja Luxus pur...". So nun die Vorbereitungen für Uschi, denn ich habe ja versprochen, täglich meine Koordinaten zu senden. Später werde ich Nicole noch eine Info rüberschicken. Zu morgen: halt, die Hose muss noch etwas nachgebessert werden, dann werde ich noch den Plan für morgen gestalten. Abendessen vorbei Mutter, Tochter (57 Jahre), Enkeltochter (ca. 19-20 Jahre) und ich an einem Tisch. Die Enkeltochter war schnell fertig mit dem Essen, da sie gestern aus war und doch ein bisschen müde ist, und nicht lernen muss, wie Tochter sagt. Mit Mutter und Tochter unterhielt ich mich auf Englisch. Die Tochter konnte gut Englisch und übersetzte sinngemäß. Dies wurde fortgesetzt, bis die Mutter nach Hause fuhr. Bis dahin wurde über die Entstehung der Bundeswehr diskutiert und der Unterschied zu den japanischen Streitkräften dargestellt. Anschließend hörte ich die politische Meinung meiner Gastgeberin (Tochter, Mutter ist nach Hause und die Enkeltochter zu Bett gegangen!). Und später kam noch ihre persönliche Lebensgeschichte dazu. Die zweite Flasche Wein war leer und morgen um 07:30 Uhr gibt es Frühstück.

Tageskilometer	Gesamtkilometer
33,1	652

26.04.2011 Von Faramans nach Clonas-sur-Varèze

Erste Pause: Nach einem gemeinsamen Frühstück mit der Hauswirtin ging es auch gleich los. Nadine, die Wirtin, sprach wieder sehr gerne und viel. Als Feministin ist sie schon bemüht unabhängig zu sein, jedoch allein!!! Ich habe den Eindruck, dass Nadine gerne eine Beziehung hätte, doch dann ist sie sich selbst im Weg. Assieu scheint in Reichweite! Doch sind erst am Ortseingang Infos über Schlafgelegenheiten. Wie gesagt „Sorgt euch nicht…" ach übrigens meine Hose, vielleicht hält sie ja noch bis Le Puy!!

Zweite Pause: Ich mach mal Brotzeit.

Nun die Geschichte: Für mich war klar, ich versuche heute Assieu zu erreichen. Bei der zweiten Pause stellte ich fest, dass ich beinahe den längeren Weg genommen hätte. Mein GPS und ein Franzose bestätigten mir, dass ich auf dem falschen Weg bin. Umkehren bis zur Quelle, an der ich vor einer halben Wegstunde vorbeikam, war angesagt. Auf diesem Weg traf ich drei Welschschweizer Damen und ich machte sie darauf aufmerksam. Ihre Entscheidung ist mir nicht bekannt. An der Quelle saß die Wienerin von gestern. Wir sagten kurz „Hallo" und sie wollte heute draußen schlafen. Eine weitere Frage wollte sie formulieren, sah jedoch, dass ich schnell weiter wollte. Und ich ging los. Guter Dinge, dass ich in Assieu eine Unterkunft finde. Die Füße sagten bereits: „Fasse dich kurz!" Und so sah ich einen Gîte-Hinweis für Assieu angeschrieben. Ich meldete mich an und sagte, dass ich gleich da bin. Nur befand sich in Assieu zwischen Kirche und Friseur keine Gîte, sondern erst in Clonas sur Varèze. Und ich dachte, ich sei nach 30 km am Ziel. An der Kirche von Assieu musste eine Mutter mit drei Kinder noch einmal versuchen mit meinem Handy Klarheit zu schaffen. Ich musste noch einmal 9 km marschieren. Das tat ich auch. In Clonas angekommen, fand ich die Gîte natürlich nicht und auch ein Bürger schickte mich falsch. So bin ich halt bei Catherine gelandet, die ihren Sohn ausquartiert hat und mir das Bett zur Verfügung stellte. Catherine betreibt mit ihrem Mann einen kleinen Laden und eine Bar. Außerdem konnte ich ein Vollbad nehmen, das tat meinen Füßen besonders gut. Das Abendessen war bieder und reichlich, halt richtige Hausmannskost. Neben der Info an meinen Schatz, musste ich noch Nicole warnen, dass in Assieu kein Unterkunft zu bekommen ist. Uschi hätte nie so jemanden wie mich hereingelassen.

Tageskilometer	Gesamtkilometer
39	690,99

27.04.2011 Von Clonas-sur-Varèze nach St.-Julien-Molin-Molette

Es ist 07:00 Uhr morgens und ich habe für 08:00 Uhr Frühstück mit Catherine ausgemacht. Der gestrige Tag war hart. Im Bereich der kleinen Zehen habe ich mir Blasen gelaufen. Ebenso an der rechten Ferse außen. Diese Veränderungen störten gestern erst nach der Mittagspause. Vorher war alles gut auszuhalten. So nun muss ich mich aber richten und wieder alles packen. War im Bad und habe eine Waage gesehen. Ich bin drauf gestanden ohne Brille: 77 kg d.h. ein Minus von 6 kg!

Erste Pause: Ich sitze an der Kapelle der Ritter / Reiter und schaue auf die Rhône und Chavanay. Ein Schweizer, Peter, ist auch eben heraufgekommen, er ist aus Locarno und will auch durchlaufen. Ich denke wir werden uns noch öfters treffen.

Zweite Pause in Bessey: Ich habe noch kein Ziel für heute und fühle mich nicht wohl. Ich habe auf jeden Fall die Schuhe von Walking auf Bergschuhe gewechselt und fühle mich im Sitzen schon wohler.

Gerade sprach mich ein alter Franzose auf Deutsch an, dass er zwei Jahre in Leipzig gearbeitet hat. Auf die Frage, ob er musste, sagte er nein: „Er wollte!" Das muss vor dem Krieg gewesen sein, vom Alter her würde das passen.

Dritte Pause, Apfelpause: Der Schuhwechsel hat sich bezahlt gemacht. Den Füßen geht es wesentlich besser, die anderen Schuhe dürfen wieder nach Deutschland. In Le Puy werde ich auch das Kochgeschirr zurück schicken. Die Gîte ist einfach und o.k. Peter war schon da. Ich glaube, wir kommen miteinander aus. Er hat schon ein Lokal fürs Abendessen erkundet. Heute habe ich die erste Blase verarzten müssen. Ich hoffe die, anderen bilden sich zurück, wie die erste Generation. Jetzt bin ich wieder im Trott des Outdoor Pilgerführers. Mal sehen, wie es morgen weitergeht.

Tageskilometer	Gesamtkilometer
22,1	713,11

28.04.2011 Von St.-Julien-Molin-Molette nach Les Sétoux

Erste Pause, Bourg-Argental: Laut Outdoor Reiseführer hätte ich das Tagesziel erreicht. Gestern war ich mit Peter (Zahnarzt a.D.) beim Abendessen und der Wirt sagte uns, wir schaffen es leicht bis Les Setoúx. Das würde eine weitere Tagesetappe bedeuten. Hier in Bourg- Argental bin ich guter Dinge. Ich mache gerade meine Pause. Nach dem einfachen Frühstück beim gleichen Wirt, sind wir heute Morgen jeder für sich aufgebrochen. Denn jeder hat sein eigenes Tempo.

Tagesziel erreicht: In Les Sétoux angekommen. Das Blasenpflaster hat nicht gehalten, was es versprochen hat. Heute habe ich wieder Mut zu mehr gesammelt. Laut Buch zwei Etappen, 8km + 16,5 km = 24,5 km. Die nächste zwei Etappen wären 16,5 km + 10 km = 26,5 km und im Ausgang eher flach. Werde unterwegs entscheiden. Heute ist alles gut, wir sind zu fünft auf der Stube: Peter, ein Franzose, und ein deutsches Ehepaar aus Paderborn. Die Sache mit dem Abendessen und dem Frühstück ist geritzt. So jetzt lese ich ein bisschen und dann SMS'en. Gîte 13,-, Abendessen 12,--€ Frühstück 5,--€

Tageskilometer   Gesamtkilometer

17,8   730,89

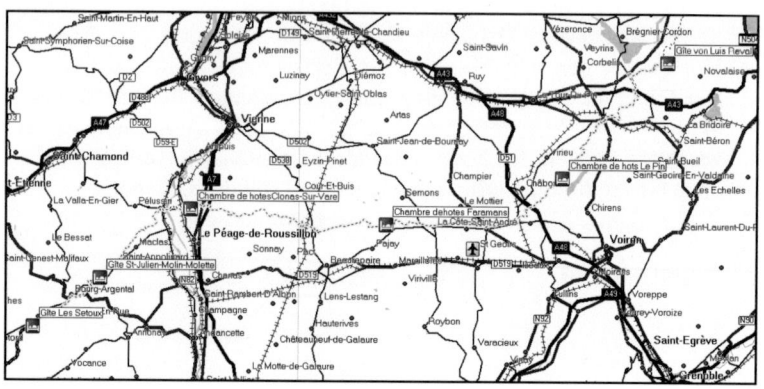

Abbildung 43: Strecke Reval - Les Sétoux

29.04. 2011 Von Les Sétoux nach La Papeterie

Thomas hat heute Geburtstag werde gleich SMS'en.

Erste Pause: Abendessen gestern war gut. Ursula und Wolfgang (aus Paderborn), sowie der Franzmann haben kaum Fleisch gegessen (Milchkalb und Leber) ich dafür mehr. Das Frühstück französisch: Kaffee mit Milch, Weißbrot mit Butter und Marmelade. Ein Königreich für eine anständige Wurst am Morgen. Ach übrigens, musste gestern die Hose erneut nähen. Sie muss bis Le Puy durchhalten. Es gibt keine Alternative. Ziel für heute ist Tence. Gîte ausgesucht. Um 14:00 Uhr habe ich die Mittagspause beendet und bin wieder auf dem Weg. Während ich in Montfaucon-en-Velay so mein Bier zur Pause trank, trat ein weiterer Pilger ein, den ich schon vor dem letzten Anstieg Brotzeit machen sah. Es stellte sich heraus, dass er aus dem Großraum Hamburg kommt und etappenweise den

74

Weg geht, und von Le Puy aus zu seiner Tochter nach Paris fährt. Vor Montfaucon -en-Velay habe ich Ursula und Wolfgang überholt, und sie wussten nicht, ob Peter sie überholt hat. So vermisse ich Peter schon, aber vielleicht kommt er ja noch, denn irgendwie hatten wir uns hier verabredet. Der Weg vom Mittag bis hierher war von der Landschaft o.k., aber zwei Gewitterzellen, die auch rumorten, beschäftigten mich sehr. Die ganze Zeit suchte ich in Waldabschnitten nach Möglichkeiten einer improvisierten Unterkunft. Als es zu Hageln anfing, kam ich gerade an einem aufgelassenen Bauernhof vorbei und konnte mich etwas unterstellen. Danach regnete es nur noch leicht und die Gewitterzellen gaben nach. Ich bin in der Gîte und in 1 - 1,5 Stunden gibt es Abendbrot, gespannt. HP 32,--€ Jetzt werde ich noch die Füße hochnehmen und nach der Wäsche schauen ob sie trocknet

Abbildung 44: Gîte La Papeterie

Tageskilometer	Gesamtkilometer
23	754,02

30.04.2011 Von La Papeterie nach Queyrières

Erste Pause: Ich bin in Araules angekommen und habe beschlossen, dass ich die Passhöhe nehme. Ich werde nach der Pause die Unterkunft bestellen. Gestern hat es super geschmeckt, toller Salat, Nudeln mit Blauschimmelkäsesoße und Hühnchenbruststreifen, danach Crème brûlée ein Espresso und die Käseplatte habe ich übersprungen. War dann kurz vor 21:00 Uhr im Bett. Jetzt muss es mal geschrieben sein: Nachts gegen Mitternacht schwitze ich sehr deutlich, sodass alles nass ist und ich weiß nicht warum, das geht schon von Anfang an so! Zur Toilette muss ich seit Tagen nicht mehr in der Nacht. Nun zu Peter, ich habe ihn heute Morgen im Ausgang des Dorfes Tence wieder getroffen. Er ist gestern einfach an der Gîte vorbei gegangen, und hat in Tence geschlafen. Es ist immer wieder lustig mit ihm, vielleicht sehen wir uns wieder auf der anderen Seite von Raffy. Nicole und Patrick (ihr neuer Begleiter) werden mich wohl bald einholen, so wie die unterwegs sind. Die haben gestern in Mountfaucon geschlafen. So, nun trinke ich mein Bierchen aus und dann geht es weiter.

Bin bei Le Fritz angekommen. Es ist lustig, Peter war schon da und auch Klaus (ich traf ihn mittags). Wir sind ein Triumphirat und ich bin der Benjamin.

Klaus, wohl der älteste von uns dreien, bringt oft seine Gedanken zum Ausdruck, auch wenn man es nicht unbedingt will. Das Zimmer ist sehr schön, alles neu, aber in Deutschland wäre das so nicht zugelassen. Z.B. kein Treppengeländer, usw. Die Aussicht ist interessant, da eine solche Landschaft für mich noch nicht da gewesen ist. Als ich über die Höhe kam hat es mich doch schon überwältigt. Eine alte Vulkanlandschaft. Ich freue mich irgendwie auf Le Puy, eine Stadt, es gibt eine Post usw. 18:30 Uhr das Abendessen ist fertig! Es gab Radieschensalat mit Chicorée und Croùtons, danach Spaghetti mit Tomatensauce. Ich war der Koch und den Abwasch haben Klaus und Peter erledigt. So, nun muss ich nur noch mit Uschi und Nicole SMS'en!

Abbildung 45: Klaus und Peter nach dem Abwasch

Tageskilometer   Gesamtkilometer

19   773,2

01.05.2011 Ich erreiche Le Puy. Von Queyrières nach Le Puy-en-Velay

Die Nacht war angenehm und die Unterhaltung mit den Stubenkameraden war anregend. Zum Frühstück brachte der Hausherr für uns drei gleich viel, wie ich tags zuvor alleine bekam. Klaus habe ich im ersten größeren Ort verlassen, da er ein zweites Frühstück wollte. Peter ist ein Raser, den treffe ich frühestens in Le Puy wieder. Unterwegs habe ich Dietmar wieder getroffen, als er einen Apfel aß. Und nun sitzen wir wieder gemeinsam in einer Bar und machen Pause. Und auch er macht so seine Notizen. Dieses Jahr ist er unterwegs und fotografiert alle Verkündigungsszenen in den verschiedenen Kirchen. Schön war, dass mein Schatz mich angerufen hat. So nun noch zahlen und dann gehe ich die letzten 10 km!

Abbildung 46: Der erste Blick auf Le Puy

Le Puy erreicht, das zieht sich ganz schön. Ruh mich mal ein bisschen aus, bevor ich auf die Suche nach der Gîte gehe. Dann sehen wir weiter!

Ich habe die Gîte gefunden, war nicht so einfach. Es sind die „Freunde des Hl. Jacobs". Genau das hat mir Klemens empfohlen, Zufall! Für morgen ist alles geplant, Busverbindung zum einkaufen und vielleicht auch ein Friseurbesuch. Dann finde ich sicher auch noch den Rest der Dinge die ich brauche und ein paar Postkarten. Ich sitze unterhalb der Chapelle Saint-Michel-d'Aiguilhe und mache den Plan für morgen und übermorgen, als Nicole mit ihrem Begleiter um die Ecke kommt. Es war ein richtig freudiges Wiedersehen. Und wir haben uns zum gemeinsamen Einkaufen für morgen verabredet.

Tageskilometer   Gesamtkilometer

27   800,24

02.05.2011 Ruhetag

Ein Tag Erholung: Ich habe mir neue Schuhe, Hosen und Batterien gekauft. Die Ausrüstung gepflegt und Unnützes nach Hause geschickt, eine kleine Menge an Postkarten geschrieben und Wäsche gewaschen, sowie über die Route von morgen nachgedacht. So jetzt geht es noch zur St Michel hinauf, Abendessen mit Nicole und dann ist Feierabend.

03.05.2011 Von Le Puy-en-Velay nach Monistrol-d'Allier

Abbildung 47: Die defekte Wanderhose, hat ausgedient

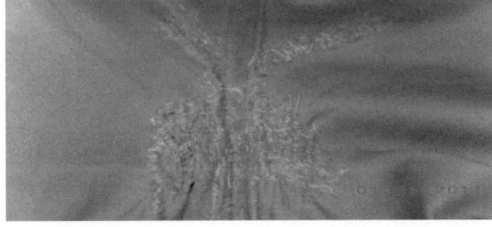

Erste Pause: Nicole ist wieder bei mir. Wir waren gestern einfach essen und Nicole brachte noch eine Koreanerin mit. Um 21:00Uhr war ich im Bett. Heute Morgen habe ich mich auf der Uhr verschaut und bin eine Stunde zu früh aufgestanden! Als ich fertig war, habe ich den Fehler bemerkt. Habe mich sofort wieder hingelegt. Um 07:00 Uhr war ich das zweite Mal in der Kathedrale in der Messe und habe dort den kleinen Franzmann aus les Sétoux getroffen. Jetzt auf dem Weg nach Montbonnet überholten wir eine Familie; ein Sohn ca. 10-12 Jahre, ein Sohn ca. 7-8 Jahre, eine Tochter ca. 3-4 Jahre und ein Kind jünger als 2 Jahre. Der älteste Sohn führte den ersten Esel, die Mutter den zweiten Esel mit der großen Tochter, eingehüllt in einen großen Lodenmantel, und der Vater bildete die Nachhut mit dem jüngeren Sohn an der Hand und dem jüngsten Kind auf dem Rücken.

Abbildung 48 : Die Familie ohne Eltern und dem jüngsten Kind

Gîte erreicht in Monistrol-d'Allier.

Tageskilometer	Gesamtkilometer
29,8	830,69

04.05.2011 Von Monistrol-d'Allier nach La Roch

Der gestrige Weg nach Monistrol-d'Allier führte teilweise durch einen wunderschönen Märchenwald, wo man jederzeit mit Zwergen und/oder Feen rechnen muss! Die Gîte war ok das Abendessen einfach und um 21:00Uhr war ich im Bett. Uschi will unbedingt ein aktuelles Foto von mir – mal schauen, vielleicht hilft mir Nicole. Apropos Nicole, ich glaub die hab ich bis Chaors bei mir. Sie läuft zwar schneller als ich, aber die Etappenlängen sind so ziemlich gleich. Jetzt werden wir unser Abendziel definieren.

Zweite Pause: Schöner Picknick Platz.

Abbildung 49: Ein Bild von mir, für Uschi aufs Handy

Nach bangen Minuten und nur Absagen, erhielt ich einen Rückruf von einer Gîte und Platz für uns zwei, auf der anderen Seite des Col de l'Hospitalet 1304 m. Wir sind in la Sauvage und haben noch 1-2 Stunden Weg vor uns. Nicole hat Probleme mit den Füßen. Ich hoffe wir müssen nicht zu viel Höhe aufgeben bevor wir die Passhöhe erreichen.

Die Gîte in La Roch erreicht. Habe manche Gesichter aus Le Puy wieder erkannt. Die sind alle am 02.05. losgegangen. Das Ziel für morgen müssen wir bald festlegen, da die Franzosen noch Ferien haben und alles belegen. Ach übrigens, seit dem Einlaufbier heiß ich „Ferdina". Ich habe keine Ahnung wie die darauf kommen! Das Abendbrot war super: Eine Gemüsesuppe, Reis mit Rindfleischbraten, davor noch Salat, danach gab es noch Apfelkuchen. Die Tischrunde war sehr nett; der Reihe nach: Nicole, Paggy (franko Kanadierin) ein französisches Ehepaar, ein französischer Doktor, ein englisches Ehepaar mit Schwester und reichlich Rotwein! Die Wirtin war sehr aufmerksam und nett! Toller Abend!

Tageskilometer   Gesamtkilometer

35,3   866,13

05.05.2011 Von La Roch nach Les Estrets

Heute haben wir eine kurze Strecke. In St Alban waren wir schon nach zwei Stunden und unser Nachtquartier haben wir schon um 13:45 Uhr erreicht. Nicole hat sich gestern wohl überanstrengt und die Füße passen nicht mehr in die Schuhe, sie hat Schmerzen. Wird wohl in Aumont-Aubrac neue Schuhe kaufen müssen. Heute wird ausgiebig Wäsche gewaschen und gehofft, dass diese bis zum Abend trocken wird. Da Nicole neue Schuhe braucht und diese noch einlaufen muss, sind unsere gemeinsamen Tage wohl gezählt. Ich freue mich auf das Aubrac! Der heutige Weg führte durch einen offenen Kiefernwald, wie ich ihn bisher selten gesehen habe. Durch die Sonne roch es im Wald wunderbar nach Kiefernharz!!!! Schön!!!!

Tages Kilometer   Gesamtkilometer

8,09   874,23

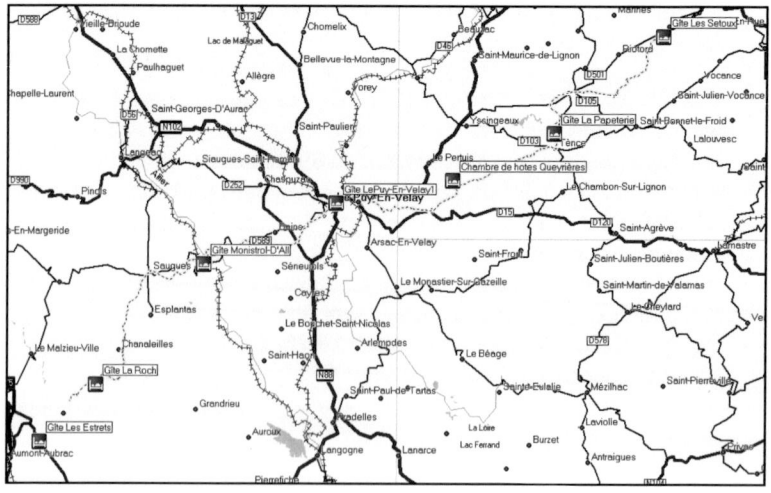

Abbildung 50: Les Sétoux - Les Estrets

06.05.2011 Von Les Estrets nach Finieyrols

Erste Pause: Das Abendessen war gut: Saure Linsen als Salat, Rinderragout mit guter Soße und Nudeln, als Nachtisch Eiscreme mit Ahornsirup. Heute habe ich mich von Nicole verabschiedet, sie hat Probleme mit den Füßen und hofft hier in Aumont neue Schuhe zu bekommen. Ich glaube wir waren beide ein wenig traurig! Hier, in Aumont, gibt es nur einen Geldautomaten und der akzeptiert meine Karten nicht. Ich werde wohl weiter schauen und ein wenig sparen müssen. Der Barbier war auf, aber drei Frauen warteten schon, also trage ich langsam lang! Einkauf ist erledigt!

Zweite Pause: Mittag ist, ich mach Brotzeit. Habe am Ortsausgang von Aumont Nicole mit neuen Schuhen getroffen. Sie hatte ein fröhliches Gesicht auf. Ich sitze auf einem Stein und mache gerade Brotzeit und wer kommt um die Ecke - Nicole. Während der Unterhaltung stellte sich heraus, dass wir die gleiche Gîte reserviert haben! Also war der Abschied nicht von langer Dauer!

Gîte erreicht! Mein Zimmer heißt „Lys" (Türkenbund). Für Nicole habe ich dann auch ein Bett reservieren lassen. Ach übrigens alle nennen meine Kokarde „Schöne Blume" (natürlich auf Französisch >une jolie fleur<). Das Abendessen war interessant: Salat, Kartoffelbrei mit Käse, Ei und Knoblauch, Schweinebraten, gedeckter Apfelkuchen auf Aubrac Art. Die Landschaft ist karg und romantisch, aber schöne Blumen blühen hier. Ich erlebe das zweite Mal den Frühling! Narzissen, Osterglocken, Küchenschellen, Hornveilchen und Knabenkraut in für mich ungewohnter Menge auf all den Wiesen! Der Wind ist deutlich und kommt auch ins Zimmer, sodass wir die Heizung aufgedreht haben!

Tageskilometer	Gesamtkilometer
24,3	905,87

07.05.2011 Von Finieyrols nach Saint-Chély-d'Aubrac

Erste Pause: Heute in Nasbinals, habe ich mich endgültig von Nicole verabschiedet. Sollten wir uns bei einer Pause wiedertreffen, so gilt es nicht! Ich habe ihr auch ein Kreuzzeichen auf die Stirn gemacht. Meine Unterkunft ist 8 km weiter als ihre. Aber ein zähes Weib ist das schon! So nun muss ich Kilometer machen, sonst komm ich zu spät nach Lourdes! Col d'Aubrac ist überwunden. Nun war es das dritte Mal, dass die Buchen frisch ausgetrieben haben. Der Weg von Nasbinals nach Aubrac führte über eine weite Almenwiese, die an Frühlingsblumen alles hat was es gibt, Schlüsselblumen, Buschwindröschen, Narzissen, Glockenblumen, Hornveilchen, Küchenschellen, Knabenkraut (echtes und anderes) und andere Lilienarten, die ich nicht kenne!

Saint-Chély-d'Aubrac, Gîte erreicht. So jetzt sitze ich da und warte mit anderen Pilgern auf die Gemeindevertreterin, die um 18:30 Uhr kommt und abkassiert. Was geschah bisher? Nach dem Duschen bin ich durchs Dorf und war einkaufen. Dabei traf ich ein österreichisches Ehepaar, welches ich unterwegs bereits öfters traf. Wir haben miteinander ein Bierchen getrunken und angeregt geplaudert. Währenddessen kommt Dietmar angewandert – wieder ratschen – schön! Dietmar, die Ösis und ich gehen jeweils in eine andere Gîte! Ich fang schon mal an zu kochen, bevor die Franzosen anfangen, denn die blockieren ab 19:00 Uhr alles. Und ich bin froh, dass ich mal wieder früher essen kann. Mein Pilgersüppchen war delikat und der Tomatensalat natürlich auch. Nach dem Essen und dem Abwasch setzte ich mich auf die Treppe vor die Gîte. Dabei sah ich die Leute aus La Roch wieder und ein großes Hallo begann. Schön, dass man sich immer wieder trifft! Das GPS hat sich vermutlich wieder für 45 min selbstständig abgeschaltet. Mist! In der Nacht werde ich von den Mitbewohnern öfters wegen meines Schnarchens geweckt. Ich kann doch nichts dafür!

Tageskilometer	Gesamtkilometer
23,4	929,3

08.05.2011 Von Saint-Chély-d'Aubrac nach Estaing

Erste Pause in Staint-Côme-d'Olt: Ein schöner, verschlafener Ort, aber ich habe Geld bekommen. Das GPS hat wieder abgeschaltet. Es fehlt ca. eine Stunde. Ärger!! Der Weg bisher war nach Buch 16 km und nicht 11,6 km es fehlen also ca. 4.6 km. Dasselbe war gestern. Das Wetter ist super, am Morgen noch ein bisschen frischer Wind, ansonsten ein wunderschöner Sonntag.

Abbildung 51 : Blick auf Saint-Côme-d'Olt

Abbildung 52: Blick auf L'Église de Perse

Zweite Pause: Mittag in Espalion de Pres.

Dritte Pause, Apfelpause: Ich habe eine zwei Kilometer
Zusatzschleife gemacht! Ultreia = immer weiter. Ich bin in der Gîte
angekommen. Es ist eine Gîte, sehr religiös mit offenem Verhalten.
Ich fühl mich sauwohl. Nach dem Essen wird eine Andacht gegeben,
ebenso morgen vor dem Frühstück. Schön. Wird zwar alles in
Französisch sein, ist aber doch ein Impuls. Uschi kann ich leider
keine SMS schicken, da ich hier kein Netz habe. Deshalb mussten
die Leute hier für mich die nächste Gîte buchen.

Tageskilometer   Gesamtkilometer

25,1   954,39

09.05.2011 Von Estaing nach Sénergues

Erste Pause, Golinhac: Heute Morgen war zunächst die Laudes und
dann gab es etwas zu Essen. Nach dem dritten Marmeladehäppchen
aß ich nur noch Butterhäppchen mit Salz. Eine Französin (aus dem
Elsass, die auch deutsch sprach) erklärte den anderen Anwesenden,
dass ich Wurst und Käse zum Frühstück vermisse. Es brach
Erstaunen aus! Das malefitz GPS hat sich schon wieder abgeschaltet.
Statt 16 km (Buch) nur 10 km. Was mich erstaunt, ist, dass ich die
Strecke (trotz deutlicher Steigungen) in 3:30 Stunden zurückgelegt
habe. Und ich war nicht der Schnellste auf der Strecke. Jetzt, wo ich
ein wenig ausgeruht habe, genieße ich die sehr beeindruckende
Fernsicht vom Platz vor der Kirche und der Kneipe beim Bierchen.

Abbildung 53: Die Aussicht

Außerdem werde ich in Toulouse oder Lourdes einen kleineren Rucksack kaufen. Ich sag aber nichts der Uschi.

Zweite Pause: Ich denke, ich bin 2-3km vor dem Ziel von heute, werde ein bisschen essen.

Gîte erreicht! Habe Wäsche gewaschen, geduscht und die Übernachtung für die nächste Etappe geregelt. Jetzt sitze ich auf der Terrasse und genieße die Aussicht. Morgen muss ich 29 km machen, da vorher und nachher keine Unterkünfte beschrieben sind. Im Gesangsbuch habe ich ein Lied entdeckt, das meine Stimmung gut wiedergibt. „Danke, für diesen guten Morgen...." Ich singe es oft vom Buch raus während des Laufens. Es tut gut, auch wenn man es öfter wiederholt!

Tageskilometer   Gesamtkilometer

21   979,49

10.05.2011 Von Sénergues nach Decazeville

Erste Pause, Noailhac: Die letzte Gîte war ganz schön teuer. Wenig Essen und der Wein zum Essen extra!!! Frühstück wollte sie erst um

08:00 Uhr servieren! Habe um 07:00 Uhr in der Früh den Kaffee halt in die Mikrowelle gestellt!

Abbildung 54: Portal der Kathedrale in Conques

Der Weg nach Conques war O.K. aber dann wieder raus aus dem Tal… Da bin ich doch dankbar, dass ich öfters in den Bergen war und mit Steigungen umgehen kann!

Abbildung 55: Conques: der Weg hinunter zum Dourdou

Ich bin angekommen, die Gîte ist erreicht. So die Wäsche trocknet. Ich war im Tourist- Office und habe mich über Bahnverbindungen Richtung Tarbes erkundigt und nach einem Friseur! Nach momentaner Überlegung komme ich bis Toulouse noch zu Fuß. Von Toulouse bis Tarbes mit der Bahn und dann von Tarbes wieder zu Fuß nach Lourdes. Ansonsten schaffe ich es nicht rechtzeitig zum 19. Mai bis Lourdes. Denn dort ist ja mein zweites Depot mit neuer Wäsche und dem Kartenmaterial für Spanien. Außerdem habe ich dort ein Hotel gebucht und einen Tag Pause eingeplant. Bis Bach ist der Weg klar, GR 65 (der französische Jakobsweg) und danach muss ich neu plotten. Das heißt, ich brauche bessere Karten! Maßstab 1:100.000 wäre schon nicht schlecht. Ach, jetzt sitze ich erstmal bis 17:30 Uhr in einem Café, dann habe ich einen Termin beim Barbier! Ach übrigens, es hat 33°C in Decazeville. Der Weg hier runter war ganz schön anstrengend. Immer nur bergab und das auf Teerstraße!

Tageskilometer	Gesamtkilometer
26,5	1005,98

11.05.2011 Von Decazeville nach La Cassagnole

Ach übrigens, ich habe gestern die Aufstecksonnenbrille verloren. Und beim Friseur war ich. Es war sehr angenehm, fast so gut wie in Sardinien. Hier wurde ich sogar von einer Frau verwöhnt. Waschen und rundum schneiden 25,--€. Habe gestern noch meinen Plan Richtung Lourdes geschmiedet und die erste 100.000der Landkarte in einem Papierladen gefunden. Bis kurz hinter Bach werde ich auf dem Jacobs-Weg bleiben, danach biege ich Richtung Süden ab!

Erste Pause: Bin in St Felix und das einzige Lokal hat zu! Leben aus dem Brotbeutel!

Zweite Pause: Endlich ein Bier, ich glaube ich habe es mir verdient! Es muss wieder über 30° C sein. Habe in Figeac ein wenig Verpflegung gebunkert und den Weg tatsächlich hinaus gefunden. Das war gar nicht so leicht, da die Wegweiser in die Stadt führten aber nicht wieder heraus.

La Cassagnole, Gîte erreicht: Auf den letzten Metern überholte ich eine verzweifelte Französin. Ich konnte nicht anders, und sagte ihr mit Zeichen und Worte, dass sie die Stöcke nicht zum Gleichgewicht halten braucht, sondern wie beim „Nordic Walking", mit gestrecktem Unterarm mehr Vorschub hat. Das dauerte vielleicht 20 sec. Später kam sie auch in die Gîte und bedankte sich überschwänglich! Laut Ausschreibung gibt es kein Abendbrot hier, doch die erste Frage war, ob ich Essen möchte. Ja! In Figeac fand ich

nämlich keinen Lebensmittelladen sondern nur Obst und Gemüse!
So jetzt geht es an die Planung für morgen.

Tageskilometer   Gesamtkilometer

32,6   1038,6

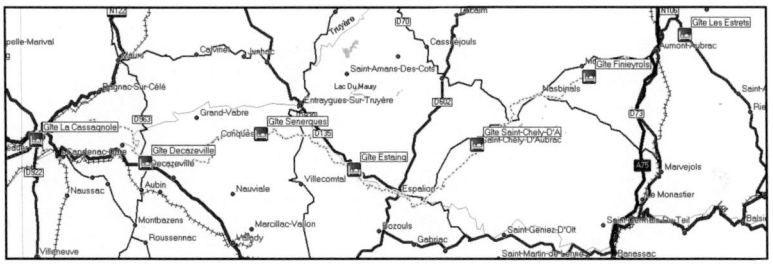

Abbildung 56: Strecke Les Estrets - La Cassagnole

12.05.2011 Von La Cassagnole nach Gaillac

Erste Pause: Das Abendessen gestern war O.K. Salat mit Entenbrust
(roh), Entenkeule gebraten mit Kartoffelgratin, Schokotorte fein.
Heute Morgen sah es so aus, als ob es regnet, aber die Sonne hat
doch mehr Kraft. Aber es ist bewölkt und nicht so heiß wie gestern.
Werde jetzt mal über das Tagesziel nachdenken!

Zweite Pause: Immer noch kein Ziel!

Galliac: Gîte erreicht! So jetzt hat das mit dem Ziel doch noch
geklappt. Die Waschmaschine läuft, ich habe kein
Maschinenwaschmittel gefunden in der Gîte, so habe ich ein wenig
Kernseife gerieben und das klappt auch. (Kernseife mit
Gemüsehobel zerkleinert und in die Waschmaschine). Ich bin sauber
und gehe ins Dorf, aber dort gibt es keine Bar! Die Gîte ist eine alte
Wohnung. Ich schlafe im Elternzimmer. Die Französin mit den
Stöcken habe ich in der ersten Pause wieder getroffen. Diesmal hatte
sie das Gewinde zu weit aufgedreht, ich konnte helfen! Sie scheint
an Essstörungen zu leiden, so mager wie sie ist. Nicole hat gerade
eine SMS geschrieben, sie muss wieder einen Tag Pause machen,
wegen ihren Füßen. Ich hoffe sie kann ihr Vorhaben durchziehen. 3

km vor Grealou hörte ich plötzlich Schritte hinter mir. Ein Franzmann mit mindestens 65 Jahren schoss an mir vorbei und hatte gleich viel Gepäck wie ich! So jetzt warte ich noch auf die Waschmaschine. Nun mache ich den Plan für morgen. Und Uschi natürlich! Da klopft es an der Tür und die Wirtin steht mit einer Flasche Rotwein und einem guten Stück Brot vor mir. Für 1,5 € bekomme ich die Gaben. Der Abend gerettet.

Abbildung 57: Die Vorderseite & die Rückseite

Tageskilometer   Gesamtkilometer

29,3   1067,94

13.05.2011 Von Gaillac nach Vaylats

Erste Pause, Limoges-on-Quercy: Uschi wollte noch wissen wie es dem Stau am Mittleren Ring geht (so nenne ich scherzhaft die eingewachsenen Polster um die Leibesmitte). Wahrscheinlich habe ich eingefallene Backen, dass man mir Brot bringt. Heute Morgen war es nebelig, wahrscheinlich vom Regenguss, der gestern Abend herab kam. Ich bin um 07:00 Uhr los und durch den Eichenwald marschiert.

Abbildung 58: Der Vogel flog nicht weg

Der Vogel auf dem Weg flog einfach nicht weg. So jetzt mach eine ich weitere Pause!

Zweite Pause, Mittag: nach ca. 8km nach der Brotzeit habe ich mir ein Bier gegönnt. Ein bisschen komisch ist es schon, sich jetzt Richtung Süden zu orientieren. Ich habe heute erst einen Pilger von weitem gesehen. Ich glaube, ich bin jetzt total aus dem Takt. Egal, freue mich auf Lourdes und neue Bettwäsche. Ich kauf mir doch keinen neuen Rucksack! Ich werde in Lourdes anders packen, aber sonst bleibt alles beim Alten!

Bei den „Schwestern Jesu" in Vaylat angekommen, das ist die letzte Gîte auf der GR 65. Ab morgen weiß ich nicht, wie und wo ich schlafen und essen werde. Aber „Sorgt euch nicht…" Um 17:30Uhr ist Messe freue mich drauf! Die Wäsche habe ich gewaschen, der Bub ist sauber und die Flasche Wein von gestern ist auch leer. Ich muss morgen den Rucksack mehr auf den Schultern tragen, da an der rechten Hüfte eine Scheuerstelle ist, mal sehen, wie das wird. Hier in Vaylat nehme ich auch Abschied von Gabriele. Er und ich trafen uns öfters, seit Finieyrols! Sein Englisch war gegen Null, mein französisch ebenso.

Tageskilometer   Gesamtkilometer

29,1   1097,07

Abbildung 59: Gabriele und ich im Kloster Vaylats, der Abschied

14.05.2011 Von Vaylats nach Caussade

Erste Pause, Caussade: Ich habe gerade ein Stückchen Fleisch mit
Pommes gegessen nach dem Marsch, echt super. So nun muss ich
noch warten bis 14:00 Uhr, denn dann macht das Tourist-Office auf.
Gestern bei den Schwestern gab es Manjoksuppe, grünen
Bohnensalat (na ja) und Reis nach spanischer Art (Paella) und
Cordon bleu (leider aus der Tiefkühltruhe). Der Reis war super!
Heute Nacht kam ein starkes Gewitter mit intensivem Regen. Der
Regen, in verschiedener Intensität, ging den ganzen Tag durch und
hörte erst kurz vor dem Zielort auf. Ich bin am ganzen Körper total
durchnässt! Das Goretex hält nicht dicht, oder habe ich so
geschwitzt, werde mir wohl einen Regenumhang kaufen müssen.
Das Tourist-Office hat geöffnet und ich bekam Unterkunft und
Abendessen für 70,--€ stolzer Preis, muss morgen sparsam sein. Bin
jetzt sauber und im Bad läuft der Heizlüfter und ich hoffe, ich
bekomme alles trocken bis morgen! Angeblich soll morgen wieder
Sommer sein! Der Weg hierher führte mich immer an der Straße
entlang, da ich sonst keine Info hatte. Für Montauban habe ich jetzt

schon ein paar Telefonnummern. Auf der Karte ist ein Radwanderweg eingezeichnet, den werde ich wohl nehmen. So Schluss jetzt.

Tageskilometer   Gesamtkilometer

26,4   1123,68

15.05.2011 Es geht Richtung Lourdes. Von Caussade nach Montauban

Erste Pause: Das Abendessen gestern war durchschnittlich! Der Wein war gut aber knapp, der Rest nicht erwähnenswert. Die Unterhaltung wurde in Englisch geführt, wobei der Ehemann der Wirtin nur Zuhörer war. Die Wäsche wurde trocken dank dem Heizlüfter im Bad (bei 70,-- € habe ich kein schlechtes Gewissen).

Zweite Pause, Bahnhof Montauban: Ich muss wohl in ein Hotel gehen. Ich werde meine Reise morgen fortsetzen. Jetzt noch 10 km marschieren und keine Unterkunft in Sicht. Ich habe gerade mit Uschi telefoniert, wichtiges und unwichtiges. Von meiner Traditionsgemeinschaft, nett aber nicht wichtig! Die Nachricht über die Krankheit von Susanne L. (die Frau eines Freundes) macht mich fertig. Ich weiß nicht damit umzugehen. Beten? Ich werde es tun und hoffen. „Sorgt euch nicht ....“ Ich habe Hunger und bekomme das erste Mal einen „Croque-Monsieur!“ Seit meinem Kursbesuch bei der Volkshochschule weiß ich wie ein Toast mit Schinken und Käse in Frankreich heißt. Ich werde das nicht wiederholen.

Tageskilometer   Gesamtkilometer

26,7   1150,37

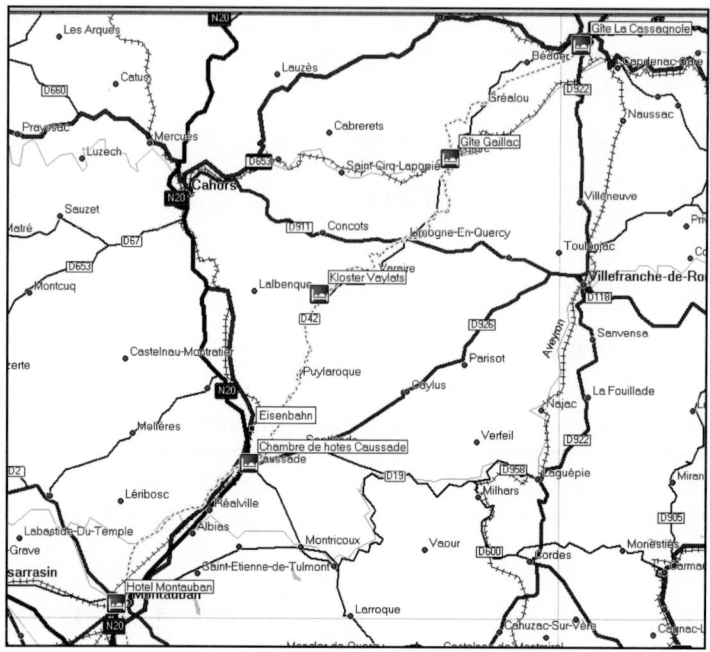

Abbildung 60: Strecke La Cassagnole - Montauban

16.05.2011 Von Montauban nach Toulouse

Erste Pause, Corbarieu: Ich habe nun das notwendige Kartenmaterial und werde jetzt die Planung bis Lourdes durchführen.

Zweite Pause, Mittag: Thunfisch im eigenen Saft mit Brot. Danach suche ich nach dem Verkehrsamt. Ich habe es nach einer dreiviertel Stunde im „Haus des Weines" gefunden. Am Montag geschlossen! Also gehe ich zurück ins Dorf auf das Bürgermeisteramt! Auch das habe ich gesucht und gefunden, ich bin wieder eine dreiviertel Stunde gelaufen. Dieses Amt ist im Hotel de Ville untergebracht, wer kann das ahnen. Es gibt keinen Hinweis über Öffnungszeiten. Kein Mensch auf der Straße! Ich nehme den Bus bis zu einer Metrostation in Toulouse. Dort die Metro bis zum Bahnhof und dann ein Hotel suchen! Das günstige 1-Stern-Hotel liegt im Rotlichtviertel, das muss ja nun doch nicht sein. Dann habe ich aber noch ein nettes Hotel gefunden, günstig ist etwas anderes. Den Fahrkartenautomaten für die Regionalzüge kann ich auch schon bedienen, geht doch! Und eine deutsche Zeitung von heute habe ich mir auch gekauft. Jetzt sitze ich in einem Straßencafe und genieße! Ich bin ein bisschen in der Altstadt spazieren gegangen. Ich möchte nicht in dieser Stadt wohnen, es ist, wie in einem Museum zu leben, obwohl hier mehr los ist als in München oder Zürich! Irgendwie hat die Stadt schon mediterranes Flair. Der Plan für morgen: Mit dem Zug von Toulouse nach Boussene, zu Fuß nach St. Gaudes, und dort Quartier nehmen. Am nächsten Tag, von St. Gaudes bis Tourney mit dem Zug und von dort bis Tarbes zu Fuß. Anschließend am 19.05. von Tarbes über Batres zu Fuß nach Lourdes.

Tageskilometer   Gesamtkilometer

65,1   1215,7

Abbildung 61: Der Weg nach Corbarieu

17.05.2011 Von Toulouse nach St. Gaudes

Boussens erreicht, jetzt geht es zu Fuß weiter.

Erste Pause vor einem anstrengenden Teilstück.

Zweite Pause, Mittag ist.

Abbildung 62: Eine Fischdose mit Brot und einem warmen Bier

Dritte Pause: Bananen Pause!

Habe meine Unterkunft bezogen! Die Leibwäsche ist gewaschen und der Mensch geduscht! Es ist schon O.K. Gut, dass ich Soldat war, denn dann ist man so manches als Schlafstatt gewohnt! Gut hat Klemens mir das Spannbetttuch mitgegeben! Auch habe ich in einer Gîte ein Wanzenvertreibmittel gekauft und heute Mittag Thunfisch mit Knoblauch gegessen! Nicole schreibt, dass sie einen Tag Pause gemacht hat und unzufrieden ist. Einen Tag Pause machen bedeutet, dass man nicht laufen darf und das ist nach solch einer Zeit schon komisch. Ich sitze jetzt auf dem Platz vor der Kirche und genieße. Die Kirche scheint echt romanisch zu sein, werde morgen noch ein Foto für Klemens machen.

Tageskilometer	Gesamtkilometer
92,6	1308

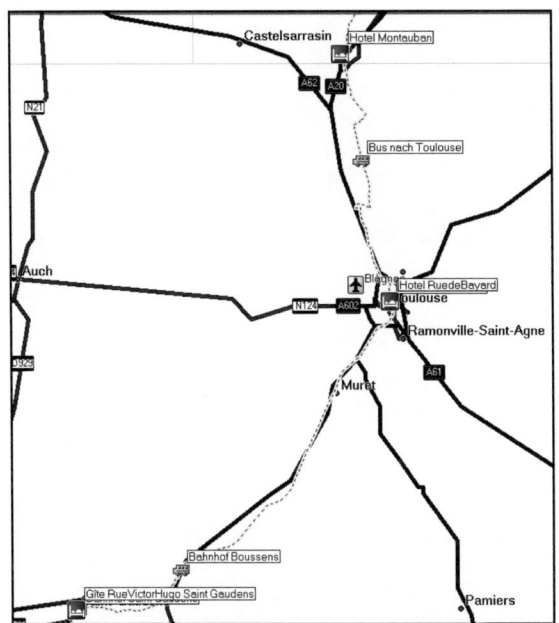

Abbildung 63: Strecke Montauban - St. Gaudes

18.05.2011 Von St. Gaudes nach Tarbes

Zu Fuß zum Bahnhof, für die Bettstatt habe ich 10,--€ gespendet und das war noch zu viel für diese Unterkunft. Ich sitze nun wieder im Zug nach Tourney danach geht es zu Fuß weiter.

Erste Pause endlich Frühstück in Bordes in einer Bar, es ist 08:50 Uhr, und die Franzosen sind schon wieder beim Apéro (ein oder zwei Gläser Weißwein)!

Zweite Pause: Aussicht auf den See, Lac de l'Arrêt Darré. Schön!

Dritte Pause: Ein Bierchen, bin fast schon in Tarbes!

In Tarbes im Tourist-Office habe ich eine Unterkunft in einem Kloster erhalten. Der Ort heißt Laloubère. Ich bin nun südlich von Tarbes. Nach zwei Stunden kam der Pater und ich bekam Zutritt zu

meinem Zimmer. Übernachtung mit Abendessen 22,--€ ist o.k.,
„schau'n mer mal" was es gibt. Nach Süden braut sich was
zusammen. In Lourdes wird es wohl bald gewittern! Wäre schön,
wenn bis morgen das Gewitter vorbei ist.

Tageskilometer   Gesamtkilometer

75,8   1384,09

19.05.2011 Von Tarbes nach Lourdes

Das Abendessen gestern war sehr spartanisch und es gab keinen
Wein dazu. Hab mich mit einem Studenten in Englisch unterhalten.
Heute Morgen Frühstück? Es gab gerade mal ein bisschen Tee und
altes Brot. Als alternative habe ich von meinem
„Farmerstängel"(Müsliriegel auf Schweizerisch) gelebt. Der Weg bis
Batres war anstrengend. Entlang der Schnellstraße nach Lourdes!
Stress pur! Und dann ein schöner Waldweg, doch die Karte und die
Welt kommen nicht richtig zusammen. Ich habe mich garantiert
verlaufen! Denn mein GPS hat die genaue Karte nicht geladen. Nun
ja: „Sorgt euch nicht…"

Abbildung 64: In Batres

Ich habe den Weg aus dem Wald gefunden und bald darauf habe ich Batres erreicht. Noch eine gute Stunde und ich bin am Ziel!

Habe den Bahnhof von Lourdes erreicht. Ein Sonderzug ist schon da, es ist der aus Bayern. Die Pilger sind schon im Hotel, nur noch das Empfangskommando ist da und wartet auf den nächsten Zug! Ich stell mich beim Spieß (die Mutter der Kompanie) vor und der kriegt den Mund erstmal nicht zu. Aber dann bekomme ich meinen Willkommenstrunk. Es ist üblich, dass die Pilger mit Musik, vom Musikchorps, und einem Becher Rotwein empfangen werden.

Ich bin im Hotel angekommen, juhu. Es hat alles geklappt wie es sein sollte. Viele bekannte Gesichter und ein großes Hallo bei denen, die mich kennen. Irgendwie hat mich die Atmosphäre wieder gefangen, es ist wie die letzten Male als ich in Lourdes war. Angenehm ist es ohne Uniform anwesend zu sein. In Uniform ist man ja auch ein Botschafter seines Landes und ist natürlich auch für ein entsprechendes Verhalten verantwortlich. Und so in Zivil ist es doch einfacher. Einen Regenschirm habe ich mir gekauft. Die Wäsche ist beim waschen. Endlich wird mein Leinenschlafsack gewaschen. 30 Tage, bzw. Nächte sind schon lang. Jetzt fang ich mit der Post an.

Tageskilometer	Gesamtkilometer
24,4	1408,5

20.05.2011 Ruhetag!

Heute habe ich Ruhetag! Bin gestern noch den Kreuzweg gegangen, leider allein, da es leicht regnete. Es war ziemlich emotional. Heute war die deutsche Messe an der Grotte und danach bin ich, wie jedesmal wenn ich in Lourdes bin, auf die Burg gegangen. Es ist immer wieder schön von dort oben auf die Stadt zu blicken. Auch ist der Garten mit seinen Modellhäusern immer wieder sehenswert, und immer wieder entdeckt man etwas Neues. Und anschließend habe ich noch die Fahrkarte für morgen gekauft. Ich fahr bis Pau und dann hinauf mit Bus und Bahn zum Somportpass. Und an der Quelle habe ich noch meine Wasserreserven aufgefüllt. Es kann ja nicht schaden, mit heiligem Wasser zu pilgern. Den Abend habe ich fröhlich ausklingen lassen!

Abbildung 65: Carola (Pfarrhelferin von Kaufbeuren) und ich beim Abendessen

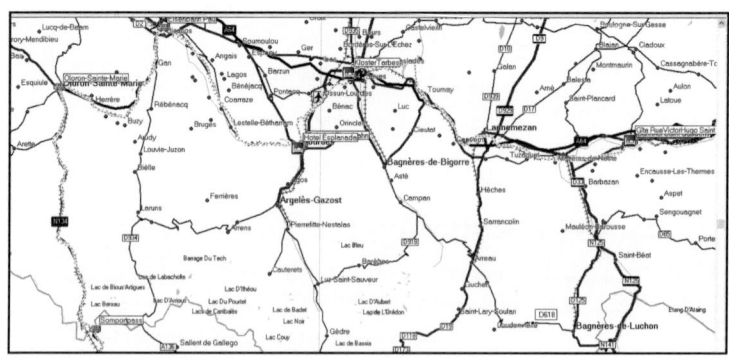

Abbildung 66: Strecke St. Gaudes über Lourdes zum Somportpass

21.05.2011 In Spanien angekommen. Von Lourdes nach Villanua

So das war es mit Lourdes. Ich sitze auf dem Bahnhof und warte auf den Zug nach Pau. Der Tag gestern war gut und abwechslungsreich. So schnell geht es weiter, ich bin in Pau und die Fahrkarte Richtung Somport hab ich auch! Die Pyrenäen sind im Nebel!

Somportpass erreicht, die Sonne lacht vom Himmel und ich habe schon wieder Frühling.

Abbildung 67: Erster Wegweiser in Spanien

Abbildung 68: Entfernung bis Santiago de Compostella

Mein erstes Refugio, in Spanien ist wieder total anders als in Kuckuckland (in Frankreich, hörte man jeden Tag einen Kuckuck rufen). HP 25,--€ Ich bin wieder unterwegs und das ist gut so. Das Refugio ist sauber. So ich werde mal SMS'en! Das Abendessen war O.K. und Rotwein inbegriffen.

Abbildung 69: Jetzt bin ich in Spanien, das erste Mal

Tageskilometer	Gesamtkilometer
164	1572,01

22.05.2011 Von Villanua nach Santa Cilla de Jaca

Erste Pause, Jaca: Das Frühstück? Ein Drama, kalter Kaffee, keine Milch, und nur Muffins aus der Tüte! Der Weg bis Jaca war angenehm. Wäre schön, wenn es so weiter ginge. Sonntag in Spanien! Ich bin gestern durch Confranca-Estation gekommen. Ein riesiges Bahnhofsgebäude aber keine Gleise und die öffentlichen

Plätze sehr aufwendig. Kaum Menschen unterwegs. Viele Wohnungen stehen leer! Ein eigenartiger Ort.

Zweite Pause, Mittag: Ich sitze auf einem Rastplatz und genieße mein Mittagessen aus einer Dose Fisch und einem Stück Brot und ein gutes Wasser aus Lourdes.

Dritte Pause, Herberge erreicht, Santa Cilla: Der Weg war weiter angenehm. Das Refugio habe ich auch gleich gefunden. Es ist recht ordentlich. Ein Typ aus Mannheim, ich glaub Fredy heißt er, hat mich bei meiner Ersten Pause überholt. Er ist gestern fast bis Jaca reingelaufen. Sein Ziel für heute ist Arrès. Es soll da besonders schön sein. Ich mache deswegen keinen Kilometer mehr! Wenn ich einen Schnitt von 25 km am Tag halten kann, könnte ich an Richys Geburtstag zu Hause sein. Ach übrigens, Carola hat mich für einen Vortrag an einem Familienwochenende der katholischen Militärseelsorge eingefangen. Aber nicht vor Februar 2012, natürlich mit Uschi! Habe gerade eine Reisegruppe aus Köln getroffen! Eine lustige Bande. Ich musste sie aber daran erinnern, dass man auch wieder aufräumen kann (Tische und Stühle). Außerdem zwei Polinnen, die den Weg das zweite Mal gehen. Eine kann gut englisch, die andere deutsch, so rede ich mal so, mal so mit ihnen, und dann muss halt alles noch einmal ins polnische übertragen werden. Das Abendessen war einfach, der Wein war leicht und die Gesellschaft lustig.

Tageskilometer	Gesamtkilometer
28,9	1601,07

23.05.2011 Von Santa Cilla de Jaca nach Ruesta

Erste Pause: Frühstück gab es bisher keines. Ich bin froh, hier in Ponte la Regina de Jaca Kaffee und ein Schokocroissant in einer Bar zu bekommen! Ich habe mir dann noch ein Brot und anderes Essen für unterwegs in einer Tankstelle gekauft. Das Ziel für heute heißt Artieda.

Zweite Pause: Thunfisch mit Brot. Ich habe ein österreichisches, junges Ehepaar getroffen, die den Camino etappenweise gehen. Es war eine nette Unterhaltung.

Habe Artieda erreicht, es ist zu früh, um schon Quartier zu nehmen. Ich habe mich für Ruesta entschieden. Der Weg nach Ruesta ist schön und führt zeitweise durch angenehmen und märchenhaften Wald. Doch ist alles schön und gut, wenn aber die Sonne brennt und ich schon über 37 km unterwegs bin, möchte ich doch endlich am Ziel sein! Nach weiteren 2,5 km trat ich dann endlich aus dem Wald und blickte hinauf nach Ruesta. Ruinen!!!!!!!!!

0

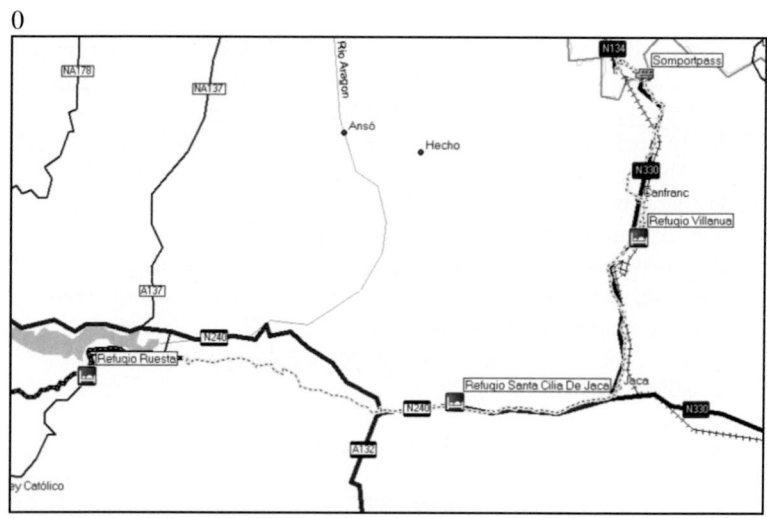

Abbildung 70: Strecke Somportpass - Ruesta

Abbildung 71: Der Weg mit Blick voraus & zurück

Abbildung 72: Blick auf Ruesta

Hier sollen 40 Betten sein? Und dieser Anblick erwartete mich nach 40,8 km. Wo sind die Betten? Aber nach einer weiteren Kurve standen dann das gut eingerichtete Refugio und eine nette Wirtschaft mit gutem Abendessen vor mir.

Tageskilometer	Gesamtkilometer
40,8	1642,02

24.05.2011 Von Ruesta nach Sangüesa

Erste Pause, Undues: Nachtrag zu vorgestern in St Cilla; Zitat von
Hans aus Berlin: „Reisen zu Fuß ist das einzig wahre, selbst mit dem
Fahrrad ist man zu schnell!" Nun zu gestern, Fredy, der langhaarige
Bombenleger, den ich auf dem Weg zum Somport traf, war auch da.
Wir unterhielten uns blendend über Philosophie, Esoterik, Religion
und Gesellschaftspolitik. Außerdem haben wir eine Massagereihe
mit spanischen Mädels aufgemacht. Das heißt, jeder massiert die
Schultern seines Vordermannes. Ich war allerdings der Letzte in der
Reihe. Und später hat mich Fredy noch an den Schultern massiert.
Das Abendessen war sehr gut: gebratenes Schwein! Leider gab es
erst ab 08:00 Uhr Frühstück! Einfach zu spät. Ich glaube ich werde
mit der Sonne aufstehen, (06:30 Uhr) und ab 07:15 Uhr auf der
Straße, das wird wohl mein Plan ab heute sein.

Abbildung 73: Frühsport mit Spanierinnen

Tagesziel erreicht: Sangüesa; Herberge ist okay, 5,--€ ohne Essen.
Ich war früh genug da um die Kirche zu besichtigen und einkaufen
zu gehen. Für morgen habe ich schon vorgesorgt. Zum Frühstück
habe ich einen Milchdrink und Thunfisch. Morgen wird es
anstrengend, zwei Pässe voraus und ich möchte es bis Monreal
schaffen!

Am Abend gehen Fredy und ich zum Abendessen! Essen gehen war keine gute Idee von uns. Es gibt erst ab acht Uhr etwas jetzt ist es erst sechs und wir haben Hunger! Also gehen wir einkaufen! Das Ergebnis zeigt das Bild:

Abbildung 74: Fredy und ich freuen uns auf unsere Mahlzeit

Tageskilometer	Gesamtkilometer
21,3	1663,88

25.05.2011 Von Sangüesa nach Monreal

Erste Pause, erste Passhöhe, Bananenpause! Heute habe ich wieder ein super Wetter, sonnig und schön warm!

Zweite Pause: Izco erreicht, es gibt hier nur was zum Trinken, es ist ein Refugio, keine Bar, Pech! Werde noch bis Monreal gehen. Hier in Spanien gibt es jede Menge Schwalben. Selbst in meiner Jugend in Kaufbeuren, sah ich nicht so viele wie hier!

Monreal erreicht: Habe die Herberge gefunden, war nicht so einfach! Zum Mittagessen im Gemeindetreff kam ich zu spät. Also wasche ich Wäsche und lese, komm gut voran in dem NT. Der Supermarkt macht auch erst um 16:00 Uhr auf. Fredy ist auch da, er ist durch die

Geierschlucht gegangen! Auch die spanischen Mädels mit ihren Freunden sind da, wir gehen gemeinsam essen. Ein lustiger Abend.

Tageskilometer   Gesamtkilometer

27,4   1691,33

26.05.2011 Einen Platz der Kraft erlebt.
Von Monreal nach Puente la Reina

Erste Pause, Tiebas: Der Weg hier her war anstrengend, ich habe mich verstiegen und schnell mal 100 Höhenmeter umsonst gemacht! Im Refugio wurde es schon um 05:30 unruhig. Und ich dachte ich stehe früh auf! Die Spanier sind auf Pilgerfahrt richtig aktiv!

Abbildung 75: Eunate

110

Zweite Pause: Eunate!!!! Ich habe erst mal eine Bananenpause eingelegt! Bin dann in die Kirche gegangen - - - - es rührt die Seele - - - Man ist auch nicht der einzige, der mit Emotionen kämpft oder man lässt sie raus! Das zweite ist besser und befreit!!! Nach einer Weile bin ich wieder raus und habe das erste Mal meine Schuhe während einer Pause ausgezogen. Ich habe versucht, die Kirche barfuß zu umrunden. An manchen Stellen war es richtig angenehm, und an anderen Stellen schmerzten meine Füße mich sehr! Was das zu bedeuten hat, weiß ich nicht. Ich habe es nur zweimal geschafft! Das heißt ich muss noch mal dorthin, um es dreimal zu schaffen. Dieser Ort hat wohl etwas Geheimnisvolles, ich kann es nicht erklären. Ich habe Fredy noch mal getroffen. Er war bereits bei seinen Übungen an diesem Ort der Kraft! Ich werde ihn nicht wieder sehen.

Puente la Reina durchquert: Durch den Ort zu gehen war schon eigenartig. Die Altstadt wird durch eine gerade Gasse getrennt und der Pilger kommt an jeder Menge Bars vorbei, die zur Brotzeit einladen. Ich wollte aber erst meine Unterkunft haben. Als ich dann am Ende der Gasse war sah ich die Brücke nicht!!!! Ich fragte einen vorbeikommenden Spanier und der zeigte auf ein Tor! Da erkannte ich es auch - da war der Weg über den Arga. Nochmal Fredy, ich denke er fühlt sich wohl in Eunate. Ich bin aber auch froh, dass ich mich von ihm getrennt habe. Es ist gut und bereichernd, neue Menschen kennenlernen zu dürfen, aber es ist auch sehr gut, sich wieder zu trennen und die eigenen Wege zu gehen. Das Refugio, das ich, nach der Überquerung der Brücke, erreicht habe gleicht eher einer Massentierhaltung! Hühner

dürfte man nicht so halten, selbst die ehemaligen Wehrpflichtigen der Bundeswehr hatten 9,2qm zur Verfügung. Heute gibt es um 19:00 Uhr Essen, mal sehen, wie das wird. Ich weiß nicht mehr was ich bestellt habe außer Salat und Mousse au Chocolat. Nun aber den Plan für morgen, ab jetzt bin ich auf dem Camino Francés.

Tageskilometer	Gesamtkilometer
32,3	1723,69

Abbildung 76: Puent la Reina (Quelle Internet)

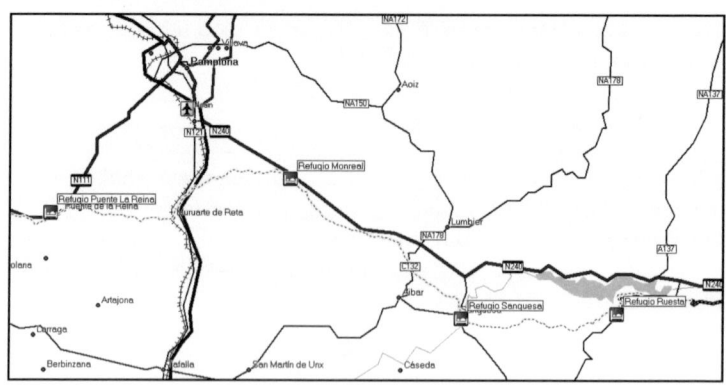

Abbildung 77: Strecke Ruesta - Puente la Reina

Die Kirche hat einen achteckigen Grundriss und eine außen fünfeckige und innen halbrunde Apsis. Das Oktogon ist kunstvoll mit zwei Portalen und Arkaden versehen, die kleinen Fenster sind aus Alabaster, die Kapitelle und die Portale sind reich verziert. Mozarabische Einflüsse lassen sich an den wulstigen Rippen ablesen, die sich, von den Pfeilern ausgehend, in der Kuppel des Kirchenraums treffen und das Gewölbe tragen.

Außen ist die kleine Kirche parallel zur Außenwand in einigen Metern Abstand von Arkaden umbaut, die dem Bauwerk wohl zu seinem Namen verholfen haben (baskisch: *Eunate – hundert Tore, hunderttorig*). Der Arkadenumgang ist wiederum von einer Mauer umgeben. Aus den fehlenden Bauspuren schließt man, dass es zwischen Kirche und Arkadenumgang nie eine Überdachung gegeben hat, wie sie andernorts zum Schutz der Pilger vor Witterung und als Übernachtungsmöglichkeit errichtet wurde.

Die Kirche wurde vermutlich in der zweiten Hälfte des 12. Jahrhunderts im romanischen Stil und mit mozarabischen Einflüssen erbaut. Da sie von keiner Siedlung umgeben ist und bei Grabungen Gräber mit Muscheln als Grabbeigaben entdeckt wurden, liegt die Vermutung nahe, dass sie als Friedhofs- oder Hospizkirche für Pilger diente. Möglicherweise war sie aber auch eine Kapelle, die die Templer als Heiliggrabkirche nutzten, dafür spricht die Vorliebe – weil orientiert an der Grabeskirche in Jerusalem – der Templer für den Zentralbau. Zudem besteht eine Ähnlichkeit zur nahe gelegenen Heiliggrabkirche in Torres del Río.

Die Lage der Kirche, ihre teilweise ungeklärte Geschichte sowie die spezielle Stimmung in der Kirche regten viele Menschen zu Spekulationen an. So existiert in der Gegend der Kirche eine Sage, die die Ähnlichkeit des Kirchenportals mit dem einer anderen nahen Kirche dem Wirken übernatürlicher Kräfte zuschreibt, während sie wohl nur Beleg für das Wirken der gleichen (unbekannten) Steinmetze ist. Weiterhin glauben Anhänger bestimmter esoterischer Richtungen, dass Eunate neben Notre Dame de Paris und dem Taj Mahal einer der Kraftorte dieser Erde sei.[1]

In der dort lebenden Bevölkerung ist Santa Maria de Eunate speziell als Heiratsort beliebt

27.05.2011 Von Puente la Reina nach Los Arcos

Erste Pause: Die Nacht in der Hühnerfarm war okay und das Abendessen auch, ab 06:00 Uhr ging es schon wieder los! Habe mich gestern mit einem unterhalten, der stammte aus dem Osten und wohnt jetzt in Frankfurt /M. Er war von der Statur her deutlich bleibt und richtig fertig. Er ist seit Pamplona unterwegs gewesen und schon sehr emotional. Er hatte keine Verbindung mit dem Handy zur Frau und das machte ihn, zusätzlich zu der körperlichen Belastung, richtig fertig. Ich habe ihm gut zu geredet und Mut gemacht, ich hoffe er nimmt es auf! Der Weg bis Estella war nicht besonders fordernd und es ist erst halb zwölf. Ich werde noch einen Schlag zulegen und bis Villamayor de Monjardin gehen. Das Wetter ist okay, bewölkt und laut Anzeige 15,5°C.

Zweite Pause, Mittag in Estella: Hier habe ich mich natürlich verlaufen. Endlich habe ich eine Bar gefunden und ein paar Snacks gegessen. Irgendwann nach der Mittagpause habe ich den Ausgang aus Estella auch gefunden. Der Weg führte bergan und auf einmal traten Leute aus einem Tor hervor. Neugierig schau ich rein und entdecke die Weinquelle. Ein junger Mann stand noch am Hahn und zapfte sich sein Gläschen Wein! Super, bin ich auch rein und habe auch ein Weinchen gezapft, denn bis Villamayor, dort wollte ich schlafen, ist es nicht mehr weit und dort wollte ich dann den mitgebrachten Wein zum Schreiben trinken, tolle Idee!!!! Der junge Mann entpuppte sich als Franzose! Ich bat ihn ein Foto von mir zu machen. Also habe ich meine Feldflasche geleert, und mit Wein gefüllt. Schön! In Villamayor angekommen, kam mir der Franzmann entgegen und zeigte mir, dass die Herberge voll war. Die zweite Herberge im Ort war nicht mehr vorhanden! Lösung? Okay, einen Ort weiter! Das wäre Los Arcos, zwölf Kilometer weiter und es war reichlich Volk vor mir! Das heißt, alle die hier abgewiesen wurden, gingen weiter. Ich auch, die Frage ist, wie viel Kapazität gab es in Los Arcos? Also musste ich einen Zahn zulegen und den einen oder anderen überholen, denn der nimmt dir dein Bett weg. So Körper, erinnere dich an deine Bundeswehrzeit und an die Leistungsmärsche! Bergab bin ich immer gerannt! So wird es wohl klappen mit einem Bett in Los Arcos! So ist es mir gelungen, Leute in einer Entfernung von ca. einem Kilometer zu überholen und schnell voranzukommen.

Nur die Fahrradpilger haben mich nervös gemacht. An den Satz „Sorgt Euch nicht..." dachte ich in dem Moment nicht mehr. Unterwegs kam ich an einer Österreicherin vorbei, die ihren Rucksack total schief trug. Ich versuchte ihr zu helfen und richtete den Rucksack etwas besser aus. Vielleicht hätte ich mir mehr Zeit nehmen sollen, denn später erfuhr ich, dass sie nochmal Hilfe in Anspruch nehmen musste. In Los Arcos angekommen, kam ich in der Casa Austria unter. Nach dem Bettenbauen und der Körperpflege und Einkaufen gönnte ich mir doch noch den Wein aus der Feldflasche. Schön!

Abbildung 78: : Wein zapfen & trinken

Tageskilometer   Gesamtkilometer

42,8   1766,51

28.05.2011 Von Los Arcos nach Logroño

Erste Pause, Viana: Gestern gab es nur eine Dose Sardinen zum Abendbrot! Habe mich dann mit einer Frau aus der Steiermark unterhalten von Oma zu Opa! Der Weg nach Viana war schon mal anstrengend. Mir stecken die vierzig Kilometer von gestern in den Knochen. Bis Logroño sind es noch zehn Kilometer und dann hoffe ich auf ein Refugio. In Deutschland war ich ganz allein unterwegs, in der Schweiz gab es nur ein paar Pilger, von Genf bis Le Puy war es angenehm, von Le Puy bis Vaylat anstrengend, von Vaylat bis Lourdes einsam, vom Somport bis Puente la Reina betriebsam und ab Puente die reinste Völkerwanderung!

Logroño erreicht! Ich habe am Eingang von Logroño auf der Teerstraße Schmerzen im linken Schienbein bekommen! Ich bin der Meinung – Muskelverspannung von gestern, denn auch in den Oberschenkeln hat sich Muskelkater eingestellt, an etwas anderes will ich nicht denken!!! Doch hat sich der Weg hinein in die Stadt ganz schön hingezogen. In der Herberge bekomme ich gerade noch einen Platz!

Tageskilometer   Gesamtkilometer

27,4   1793,98

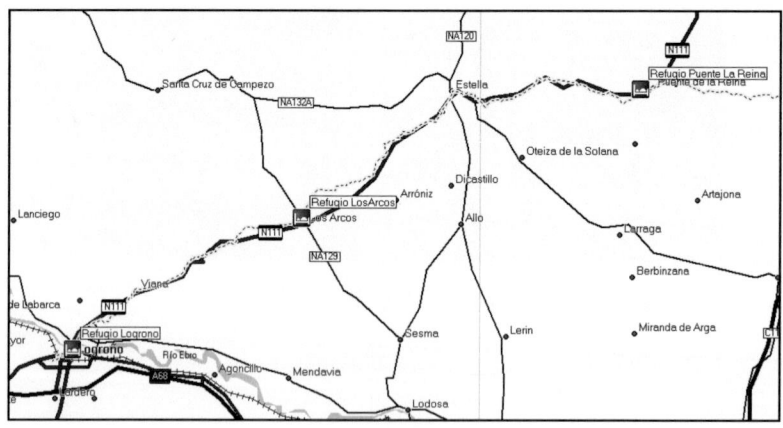

Abbildung 79: Strecke Puente la Reina - Logroño

29.05.2011 Hier steht der Grund warum ich laufe. Von Logroño nach Nájera

Erste Pause, Navarrete: Die Nacht war unruhig. In den Gassen feierten die Spanier den Samstagabend und den Sieg von Real Madrid in der Champions League bis in die Früh. Als ich um 06:00

Uhr loslief waren die Straßen noch voll von Nachtschwärmern. Über mir im Stockbett lag eine Brasilianerin, sie sprach fließend portugiesisch, spanisch, englisch und deutsch mit bayerischem Dialekt! Eine sympathische Person! Ich traf sie später noch einmal, dann musste sie abbrechen und nach irgendwo nach Hause fliegen! Während dieser Pause traf ich das erste Mal die Alaska-Ladies. Später waren wir dann noch öfters am gleichen Ort.

Zweite Pause, Ventosa: Habe Spiegeleier mit Speck gegessen – prima!! War das erste Mal seit der Zeit vor dem 30.03.2011. Eine Anette (Fränkin) setzte sich zu mir und wir plauderten, während ich aß. Sie macht heute mal einen ruhigen Tag und ließ sich gerade von einem Amerikaner ein Taxi besorgen. Auf dem Weg nach Nájera kommt man an einer Mauer vorbei, an der folgendes in Spanisch und auch in Deutsch geschrieben steht:

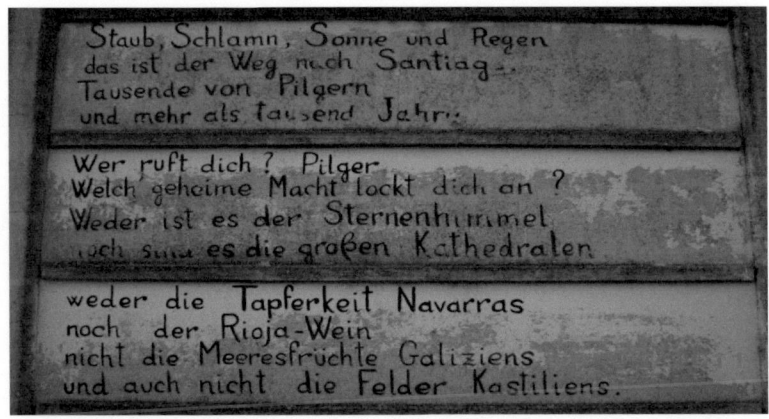

Abbildung 80: Abschnitt eins

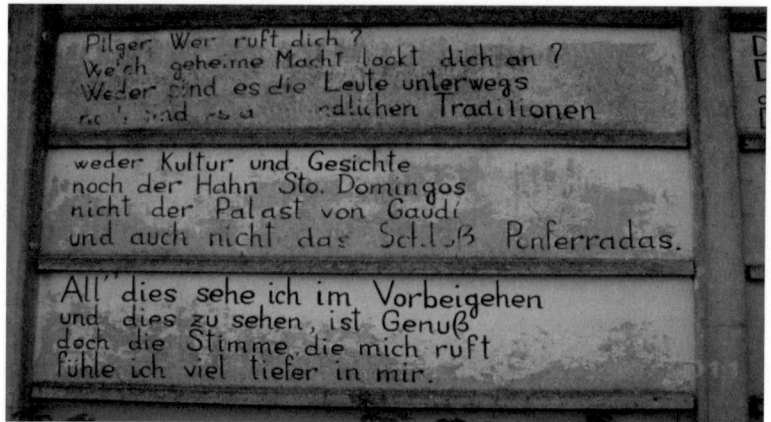

Abbildung 81: Abschnitt zwei

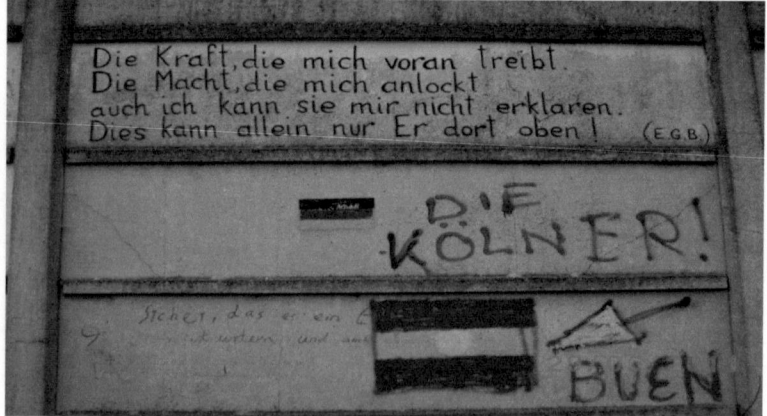

Abbildung 82: Abschnitt drei

Das rührt jeden an, der hier gelaufen ist!!!!!!!!!!!!!!!!!!!!!!!!!!!!!!!

Refugio erreicht: Es gibt einen Schlafsaal mit ca. 80 Betten, zwei Duschen und zwei WC für die Herren und das gleiche für die Damen. Ich konnte die nächste Etappe nicht mehr gehen wie gewohnt, obwohl diese nur noch sechs Kilometer beträgt. Aber am linken Schienbein hat sich der Muskel zu Wort gemeldet und ich hatte richtig Schmerzen. Ich war vor der Herberge noch in einer

118

Apotheke und habe mir eine Salbe mit Arnika und Alkohol gekauft. Die Hoffnung stirbt zuletzt! Ich hoffe doch, dass das keine Schienbeinentzündung ist. Nun sitze ich in einer Bar an einem Tisch, trinke Bier und aus der Steckdose kommt der Strom fürs Handy! Juhu, denn gestern und heute waren Steckdosen nur im Waschraum!!! Nach dem Abendbrot in einer Bar, Paella mit Meeresfrüchten, saß ich im Refugio noch mit dem Franzmann und einem weiteren jungen Mann bei Rotwein zusammen, wir haben sehr interessant über unsere Europäische Gemeinschaft diskutiert. Es ist schon ergreifend, auch die Meinungen von jungen Menschen anderer Nationen zu hören und zu verstehen. Ich rief die Beiden dazu auf, weiter mit ihren kritischen Gedanken in ihrer Umgebung für Europa zu kämpfen.

Tageskilometer   Gesamtkilometer

29,7   1823,68

30.05.2011 Von Nájera nach Grañòn

Erste Pause, Azofra: Das erste Frühstück gab es in einer Bar. Das linke Schienbein merke ich jetzt schon, mal schauen wie weit das heute geht. Meine Schrittgeschwindigkeit ist schon deutlich eingeschränkt. Ich habe die Salbe oft aufgetragen.

Zweite Pause: Ciriñuela; vorbei an einer unbewohnten Neubausiedlung ins alte Dorf und die einzige Bar. Ich mach jetzt öfters Pause, vielleicht klappt es dann! Die Bar hat gerade aufgemacht und es riecht streng nach Reinigungsmittel. Egal ich setz mich rein, denn ich bin sehr verschwitzt. Ein Bier und ein Bocadillo! Das kühle Bier für mein Schienbein und das Bocadillo für den Hunger. Der Schmerz im Bein lässt nur langsam nach. Ich hoffe, ich schaffe es noch bis St. Domingo!

Das sogenannte **Hühnerwunder** von Santo Domingo de la Calzada ist eine eng mit dem Jakobsweg verbundene Legende.

Zur Hochzeit der Wallfahrt nach Santiago de Compostela soll eine Pilgerfamilie aus Xanten nach Santo Domingo de la Calzada gekommen sein. Sie übernachteten in einem Wirtshaus.

Die Wirtstochter fand den Sohn der Familie sehr attraktiv, der – fromm und keusch – ihr Angebot aber zurückwies. Die Zuneigung der Wirtstochter wandelte sich in bösen Zorn, sie sann auf Rache und versteckte einen Silberbecher in seinem Gepäck.

Der Wirt bemerkte am Folgetag den Verlust und schickte die Stadtbüttel aus, die auch schnell fanden, was sie suchten. Der junge Mann wurde nach kurzem Prozess aufgehängt und die Eltern zogen traurigen Herzens weiter nach Santiago.

Auf dem Rückweg kamen sie wieder an der Richtstatt vorbei, wo sie ihr Sohn ansprach, dass er gar nicht tot sei, weil ihn (Version 1) Santiago bzw. (Version 2) Santo Domingo gehalten habe. Die Eltern liefen daraufhin zum Richter, der vor einem Teller gebratener Hühner saß, und berichteten das Vorgefallene. Der Richter antwortete, dass ihr Sohn so tot sei wie die beiden Hühner vor ihm, worauf diese sich erhoben und davonflatterten. Nun wurde der Sohn ab- und die Wirtstochter aufgehängt, die Familie zog weiter nach Hause.

Diese Legende existiert in vielen Versionen auch jenseits des Jakobsweges (vgl. Barcelos in Portugal). Auch künstlerische Verweise auf das Wunder finden sich immer wieder.

Quelle: Wikipedia

Dritte Pause: Auf dem Weg hinunter nach St. Domingo de la Calzada hatte ich so starke Schmerzen, dass ich beschlossen habe, ich breche hier ab und fahre nach Hause! Ich schaue mir noch die zwei weißen Hühner für 2,50 € in der Kathedrale an und dann suche ich eine Unterkunft und mache mich dann auf den Heimweg. Ich bin schlechter Laune wegen meinem Schienbein! Ich habe mich noch etwas in der Kathedrale aufgehalten und gebetet. Das Museum und den Tand an Andenken die dort angeboten wurden, habe ich ignoriert und bin zu meinem Rucksack gegangen. So zunächst eine Bar suchen, da gibt es ein Bier und dann sehe ich, wie es weiter geht. Die Bar zu finden, war nicht so einfach, habe es aber dann doch noch geschafft. Habe ein großes Bier bestellt und überlegt, wie es heute weitergeht. Dabei stellte ich mit Erstaunen fest, dass die Schwellung am Schienbein deutlich zurückgegangen ist und der Schmerz sich in Grenzen hielt. Wollte ich noch bis soeben aufgeben, so ist jetzt nicht mehr daran zu denken, was ist passiert? Das Gebet? Denn das Kühlen und die Salbe allein sind nicht in der Lage, eine derartige Änderung zu vollziehen. Vor St Domingo war die Leistungsbereitschaft des linken Beines bei ca. 15% und nun bei deutlich über 65%!!! Darauf trinke ich noch ein Bierchen! Freude, denn ich war bereit aufzugeben. Meine Gedanken waren schon bei der Suche nach einer Möglichkeit der Rückverlegung! Kann es sein, dass der Besuch und das Gebet diese positive Wende herbeigeführt haben?!?!?

Herberge in Grañòn erreicht: Das Bett ist sehr einfach und besteht aus einer dünnen Matratze auf dem Boden und ohne Abstand zum Nachbarn! Das Abendessen wird gemeinsam zubereitet, um 19:00 Uhr ist hl Messe und danach gibt es Essen. Ich freu mich drauf. Anette ist auch da und hat ihre Freundin, Wilma aus Österreich, wieder getroffen. Es wird wohl ein netter Abend werden.

Tageskilometer	Gesamtkilometer
29,3	1853,01

31.05.2011 Von Grañón nach Villafranca Montes de Oca

Erste Pause: Der gestrige Abend war amüsant. Rechts von mir saß Karin aus Belgien, links saß Lindsey aus Alaska und gegenüber einem jungen Mann aus Irland! So ergab sich eine tolle Plauderei in Deutsch (Karin) und englisch (Lindsey und Irländer); was will man mehr vom Leben. Nach dem Abendessen wurde noch mal eine Reflektion angeboten. Ich nahm nicht teil. Anette und Wilma auch nicht, so haben wir drei den Rest Wein niedergemacht! Schön war es. Aber vorher war noch Pilgermesse! Mit anschließendem Pilgersegen! Wie sagt der Allgäuer: „Erst die Mess, dann die Maß!" Am Nachmittag sprach ich mit einem älteren Deutschen, der früher schon oft in Spanien war, es ging um die Immobilienblase hier und um die Veränderungen in der Landschaft! Er war sehr bekümmert darüber. Auch er war der Meinung, dass die einzige Art zu Reisen, zu Fuß sei! Ich vergaß fast, dass das linke Bein gut mitarbeitet! Kein Gedanke mehr ans Abbrechen!

Zweite Pause, Belorado: Ich singe im Regen (I'm singing in the rain..). Mein linkes Bein macht wieder alles mit! Ich bin glücklich!!! Und ich bin der einzige, der bei diesem Sauwetter und dem schlechten Weg singt!!! Der Weg ist mit rotem Staub bedeckt, der jetzt durch den Regen wie Zement an den Schuhen klebt. Dadurch wächst man Schritt für Schritt und plötzlich fällt auf einer Seite der ganze Klumpen ab, sodass man einseitig geht. Das war ein anstrengendes Stück Weg.

Dritte Pause, Villambistia: Habe endlich etwas zum Beißen bekommen. Dabei traf ich eine kleine Gruppe aus Biberach! Es entwickelte sich ein nettes Gespräch. Ja, es war schön wieder einmal mit Menschen aus der eigenen Region zu sprechen.

Herberge erreicht: Villafranca Montes de Oca; Es hat heute nur einmal geregnet! Mal mehr Mal weniger! Der 6. Regentag! Mir fehlt es einfach an Liedern! Ich würde jedem empfehlen die „Mundorgel" (Gesangbuch) mitzunehmen. Ich war noch beim Einkaufen, und beim Hausaufgaben machen (so nenne ich seit kurzem meine Tagebuchnotizen und die Meldung an Uschi!). Heute esse ich wieder das Pilgermenü in einem Lokal, unweit der Herberge! Ich sitze mit Ralf und Herbert an einem Tisch. Der Eine, ist Schweizer aus dem Berner Oberland und der Andere, kommt aus Schleswig/Norddeutschland. Während der Unterhaltung stellte sich heraus, dass der Schleswiger meinen verstorbenen Onkel Karl als Turnlehrer hatte. Wie klein ist die Welt. Im Refugio haben die Spanier alle Fenster geschlossen. Es war eine Luft wie in einem Pumakäfig!

Tageskilometer	Gesamtkilometer
30,2	1883,46

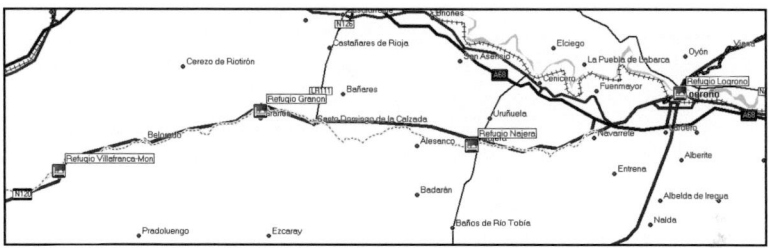

Abbildung 83: Strecke Logroño - Villafranca Montes de Oca

01.06.2011 Von Villafranca Montes de Oca nach Burgos

Erste Pause, San Juan de Ortega: Das Wetter ist perfekt, nicht zu heiß und nicht zu kalt und die Sonne scheint! Ich mache meine Notizen. Huch die Alaska- Ladies sind auch da. Die gehen aber bald wieder, vielleicht sieht man sich ja wieder. Mein Plan ist es, kurz vor Burgos Quartier zu nehmen, dann morgen durch Burgos durch und danach wieder ein Refugio zu nehmen.

Zweite Pause, Cardeñela de Ríopico: Hier wollte ich übernachten, aber die Herberge existiert nicht mehr. Bin in die Bar gegangen und habe mir ein Bier bestellt und vor mich hin geschimpft. Der Wirt und ein Gast waren auch anwesend. Der Gast fragte mich, ob ich in Saint-Jean-Pied-de-Port gestartet sei und ich antwortete, dass ich von zu Hause los bin. Er glaubte mir nicht, bis ich ihm meinen Pilgerpass vorlegte! Das Bier brauchte ich nicht zu zahlen! Also musste ich doch nach Burgos hinein. Erst um den Airport herum und dann der lange Weg durch das Industriegebiet zum Zentrum. Am Anfang vom Airport traf ich die Alaska Ladies wieder, die müde einfach auf der Straße saßen. Ihnen ging es genau wie mir, nur ohne Bierpause!

Dritte Pause, der Airport ist umrundet. Eine lustige Szene spielt sich vor dem Lokal ab, in dem ich saß: Ein Linienbus will gerade abfahren, da erblickt der Fahrer zwei weibliche Pilger auf der Höhe

123

des Busses. Er öffnet erneut die Eingangstüre um Einlass zu gewähren. Doch die Damen drehen ostentativ den Kopf in die andere Richtung und missachten das Angebot. Der Fahrer schüttelt enttäuscht den Kopf und fährt los. Wer waren die Damen? – Natürlich die Alaska Ladies! Nach der Pause bin ich dann auch wieder los. Mein linkes Bein ist noch gut dabei, ich spüre es zwar, aber die Pausen und die geringere Geschwindigkeit tun dem Bein gut. Huch da sind die Mädels wieder, nun gehen wir gemeinsam in die Innenstadt. Die sind genauso müde wie ich und sechs Augen sehen schneller die gelben Pfeile als

zwei.

Abbildung 84: Debra und Lindsey

Herberge erreicht: Ich erhalte Bett Nummer 622. Wir verabreden uns zum gemeinsamen Abendessen. Ich gehe in die Stadt und kaufe ein, Batterien und ein bisschen Verpflegung. Dann setze ich mich in eine Bar und mache meine Hausaufgaben. Der Plan für morgen ist nicht ganz klar für mich!

Tageskilometer	Gesamtkilometer
36,9	1920,4

02.06.2011 Von Burgos nach Hornillos del Camino

Erste Pause, Tardajos: Ich bin heute Morgen sehr früh los, damit ich etwas langsamer laufen kann. Und schon haben mich die Regimenter wieder überholt. Es tut aber gut. Heute ist übrigens „Christi Himmelfahrt", also Vatertag. Richy hat angerufen und mein Schatz hat mir eine SMS gesendet! Schön! Der gestrige Abend war recht nett, ich habe mich mit den beiden Mädels gut unterhalten. Debra ist 50 Jahre und Lindsey 54 Jahre, beide sind verheiratet und haben erwachsene Kinder und noch einen Teenager zu Hause. Auch das Abendessen war sehr gut und so sind wir dann gemeinsam in die Herberge zurück gegangen. Über die Busszene haben wir noch mehrmals herzhaft gelacht. Die Mädels hatten keine Ahnung, dass sie beobachtet wurden. Das Tempo tut meinem Schienbein gut, 4,8 km/h im Durchschnitt, ist super. Der Wirt hat mir zum Abschied noch einen Madonnenanhänger geschenkt.

Habe Hornillos del Camino erreicht, die Herberge hat noch zu. Von Burgos aus sind jede Menge Pilger unterwegs, das heißt, dass Unterkunft knapp wird. Nun ist die Herberge auf und es wird schnell voll. Ich habe ein Bett bekommen und die Waschmaschine läuft. Nun habe ich etwas Zeit und denke an den Vorabend, ob die auch hier schlafen wollen? Ich bin den Mädels etwas entgegen gegangen und sie haben mir ihre Pilgerpässe gegeben, so dass ich sie einchecken konnte. Und das war gut so, denn sie bekamen die letzten Betten. Für Morgen plane ich 30 km bis zur nächsten Herberge. Und heute gehen wir schon wieder gemeinsam essen. Es gesellte sich noch ein kanadisches Paar dazu und wir hatten eine sehr angeregte Unterhaltung während des Essens.

Abbildung 85: Vrnl: kanadisches Ehepaar, Debra, Lindsey, ich

Da wir die 18:00 Uhr Schicht waren, mussten wir den Platz am Essenstisch räumen und ins Lokal gehen, damit die Spätschicht essen konnte. Dort oben saßen noch zwei Holländer (so um die 60 Jahre) und eine Deutsche und wir sangen Lieder und es wurde wieder ein

 richtig guter Pilgerabend !

Tageskilometer	Gesamtkilometer
20,5	1940,93

03.06.2011 Von Hornillos del Camino nach Itero de la Vega

Erste Pause, Hontanas: Der Weg bis zur ersten Pause war sehr einsam, durch Kornfelder und nichts als Kornfelder. Endlich einen Kaffee mit einem süßen Stück! Der Kaffee war ja okay, aber der Rest zu anstrengend. Ich erinnere mich noch gerne an den gestrigen Abend. War richtig lustig mit den beiden Herrn aus Holland, die super singen konnten.

Zweite Pause, Castrojeriz: Die Trennung hat nicht stattgefunden. Jetzt reise ich mit den Alaska Ladies! Auch gut. Während des Tages ist man für sich. Am Ende der Etappe trifft man sich und geht vielleicht miteinander zum Essen.

Dritte Pause: Irgendwann nach dem Berg. Irgendwelche Spanier bieten Obst und Getränke für eine Spende an. Ich habe mir ein Dosenbier genommen, und natürlich auch genug gespendet. Und das Bier war so was von fein nach der Strecke und der Hitze!! Mhm

Abbildung 87: Alaska Ladies voraus

Abbildung 88: Hier geht es bergab

Itero de la Vega: Habe meine Herberge erreicht! Oje, ich habe ein Bett bekommen, das bei jeder Bewegung quietscht! Das Ziel für morgen ist noch unklar, da sind noch Fragen nach der Unterkunft usw. offen. Denn der nächste Ort, ist der letzte Ort vor einer langen und heißen Etappe.

Tageskilometer   Gesamtkilometer

34,2   1575,11

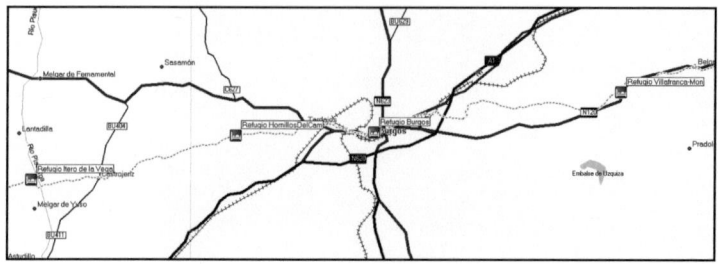

Abbildung 89: Strecke Villa Franca de Oca - Itero de la Vega

04.06.2011 Von Itero de la Vega nach Carrión de los Condes

Erste Pause, Frómista: Nach dem Abendessen habe ich mich noch länger mit Lindsey unterhalten. Ich erzählte ihr von mir und als sie erzählen sollte, war es schon erstaunlich, wie schwer es den Amerikanern fällt, tiefere Gespräche zu führen, vielleicht ist das ja auch ein Vorurteil.

Zweite Pause, Villacázar de Sirga: Mein Schienbein? Jetzt weiß ich nicht was das soll, es zuckt nur noch bei deutlicher Belastung! Ich werde sehen, was da weiter passiert.

Habe Carrión de los Condes erreicht. Alle Herbergen sind voll und ich muss in ein Hotel. Die sind schon geschäftstüchtig die Spanier! Ein Dreibettzimmer wird aufgeteilt auf drei Personen und jeder darf 17,--€ zahlen. So liege ich mit einem Dänen und einer Norwegerin auf einem Zimmer! Es ist fast so wie in einer Herberge. Nur das Bad muss jetzt nicht durch 50 oder gar 100 geteilt werden. Die heutige Strecke war moderat und mein linkes Schienbein wird immer besser. Ich denke, wenn ich das Tempo weiter gedrosselt halte, klappt das mit der Heilung ganz bestimmt. Außerdem habe ich genau hier die 2.000 Kilometergrenze überschritten (lt. GPS). Das ist doch ein Grund zum Feiern, oder? Also gut, da die Alaska Ladies auch hier abgestiegen sind und sie, die einzigen sind, die ich hier kenne, lade ich sie zu einem Drink ein. Wir sind nach dem Essen also dann in eine Bar gegangen und haben auf meine 2.000 km angestoßen. Nun mache ich noch den Plan für morgen.

Tageskilometer	Gesamtkilometer
33,7	2008,84

05.06.2011 Von Carrión de los Condes nach Terradillos de Templarios

Erste Pause, Calzadilla de la Cueza: Nur gerade aus und nur Sonne und jede Menge Menschen unterwegs. Eben und endlos weit scheint es hier zu sein. Ich habe mich an die Tipps gehalten und reichlich Wasser mit genommen. Ich habe es auch gebraucht. In der Bar, am Ende des harten Weges, gibt es ein feines Bauernomelett. Das war genau das Richtige nach dieser Strecke. Ich habe unterwegs nämlich keine Pause gemacht und nur aus den Wassersäcken getrunken.

Terradillos, Herberge erreicht: Thomas hat sich gemeldet und einen Plan für mein „out" (Heimflug) übermittelt, der hört sich super an! Von Santiago nach Porto und von dort mit dem Flieger direkt nach Memmingerberg. Nun stellte sich die Frage, wann werde ich in Santiago sein? Jetzt geht das Planen los! Debra hat Probleme mit ihren Knien. Sie sprach schon von einem Tag Pause. Mal sehen was daraus wird.

Abbildung 90: Eine interessante Darstellung

Abbildung 91: Da war die Welt noch in Ordnung! Doch Annamarick (die dritte von links) hat mich nach dem Essen ganz schön gefordert. Ich habe es nicht ausgehalten!

Tageskilometer	Gesamtkilometer
27,2	2036,33

06.06.2011 Von Terradillos de Templarios nach El Burgo Ranero

Erste Pause, Sahagun: Gestern einen Gefühlsausbruch negativer Art erlebt. Ich musste den Raum verlassen und mit mir allein sein! Nach 20 Minuten hatte ich mich wieder gefangen.

Zweite Pause, Bercianos del Real Camino: Zu gestern muss ich noch mal etwas sagen. Das Abendessen war O.K. Am Tisch saßen Annamarick (Holländerin), drei Franzosen, die Alaska Ladies und ich. Währen des Essens verlief die Unterhaltung seicht und war amüsant. Nach und nach leerte sich der Tisch, sodass nur noch die Holländerin (Annamarick), Lindsey und ich am Tisch saßen und in

130

eine intensivere Unterhaltung einstiegen. Meine Stimmung war durch negative Nachrichten aus der Heimat nicht unbedingt auf einem positivem Höhepunkt (Tode: Lutz, Hirsch und Florian und dann noch Susanne mit ihrem Krebs!). Annamarick gelang es mit ihren Fragen und ihrer Rhetorik meine Gefühle nach oben zu bringen. Ich hielt es gerade mal eine Viertelstunde aus, dann war ich nicht mehr in der Lage, weiter am Tisch zu bleiben. Ich entschuldigte mich, ging tief berührt nach draußen und machte einen deutlichen Spaziergang. Eine sehr emotionale Erfahrung, ich war wütend auf diese Frau. Etwas später sprach ich noch mit Lindsey über das Erlebte und bekam langsam wieder meinen klaren Kopf zurück. Bis heute Morgen hat sich meine Gefühlswelt wieder sortiert. Im Nachhinein bin ich sehr froh über diese Begegnung mit Annamarick. Manchmal ist es ganz gut, wenn man wieder auf die Erde zurück gebracht wird. Ich bin ihr dankbar und auch Lindsey für das Ohr, das sie mir im Anschluss geliehen hat. Ich fühl mich erleichtert und bin glücklich!

Habe Quartier genommen in El Burgo Ranero, für mich war nur noch Platz auf einem Notbett auf dem Boden. Ich habe meine Hausaufgaben gemacht und den langgewachsenen Deutschen (Jürgen) wieder getroffen. Wir hatten eine sehr gute Unterhaltung, auch und überwiegend über religiöse Themen. Die Wäsche habe ich mit den Alaska Ladies zusammen geworfen und die haben sich darum gekümmert! Das ist doch schon mal was!

Tageskilometer	Gesamtkilometer
31,2	2067,49

07.06.2011 Von El Burgo Ranero nach Puente de Villarente

Erste Pause, Reliegos: Es hat fast den ganzen Weg geregnet. Debra ist etwas zurückgeblieben. Sie hat Probleme mit ihrem Knie und kann das Tempo nicht mehr halten. Ich habe mich mit Lindsey über die Geschichte Deutschlands unterhalten. Sie hat die Frage gestellt, woher die Farben unserer Flagge kommen. Da habe ich natürlich ganz schön ausgeholt. Beginnend bei den Befreiungskriegen gegen

Napoleon, weiter über das „Hambacher Fest", die Weimarer Republik und schließlich die Bundesrepublik Deutschland. Später überholt uns ein Fahrradpilger mit einer Bayerischen und einer Augsburger Flagge. Hat ja gerade zum Thema gepasst, und ich rief ihn an: „Hallo Datschiburger!" Natürlich blieb er stehen, wir machten zusammen eine Pause und beredeten ein wenig seinen Weg, wo ist er los, wie weit fährt er, usw.

Habe in Puente de Villarent die Herberge erreicht. Bis zum Abendessen habe ich meinen Plan für den nächsten Tag fertig. Ich werde León zügig durchqueren und nicht an der N-120 entlanggehen. Ich nehme die landschaftlich schönere, aber weitere Strecke über Villa de Mazarife! Die Alaska – Ladies bleiben in León und machen einen Versorgungsstop. Dadurch wird etwas Abstand entstehen und das ist gut so!

Tageskilometer   Gesamtkilometer

19,4   2086,96

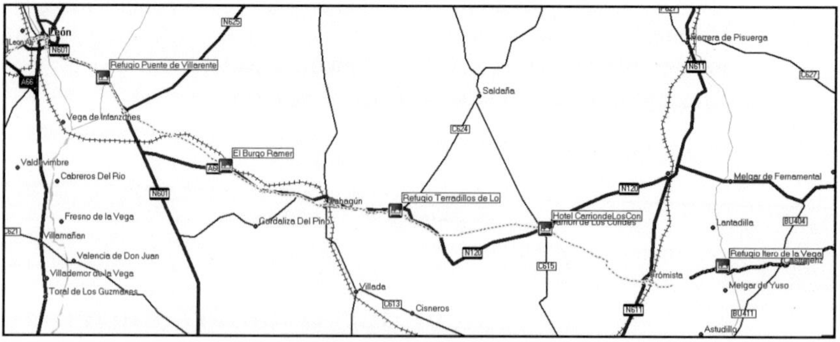

Abbildung 92: Strecke Itero de la Vega – Puente de Villarente

08.06.2011 Von Puente de Villarente nach Villar de Mazarife

Abbildung 93: Aufbruch nach León

Erste Pause: León; Ich habe mich richtig verlaufen und konnte nur mit Hilfe meines GPS wieder auf den Weg kommen. Habe einen feinen Kaffee getrunken. Danach war ich in der Kathedrale und auch hier laufen die Emotionen über. Klemens hat angerufen! Er ist immer dabei, das habe ich ihm ja gesagt.

Zweite Pause, Chozas de Abajo: In der einzigen Bar habe ich eine Pause gemacht. Der Weg war wirklich schön und ich hatte viele angenehme Eindrücke! Die Spanier machen ein ausgedehntes Mittagessen. Eine Gruppe von vier Herren sitzt bei Rosé und ausgiebigem Essen. Die kleine Julia (mein zweites Enkelkind) hat heute Geburtstag, ich habe sie schon angerufen, ich glaube sie hat sich gefreut. Auf jeden Fall war Diana überrascht.

Habe in Villa de Mazarife die Herberge erreicht. Die Alaska - Ladies sind deutlich hinter mir. Habe heute mal Zeit für meine Fuß- und Fingernägel! Ich habe heute mein „Out"-Datum beschlossen es ist der 25.06.2011, so kann ich vielleicht doch noch ans „Ende der Welt" gehen! Uschi und Thomas sind informiert und ich hoffe Thomas kann mich noch auf den Flug von Porto nach Memmingerberg buchen. Das Abendessen war gut und der Tisch wieder voll mit allen Nationen: Italiener, Kanadier, Franzosen, Ungarn. Der Ungar saß links neben mir und wir kamen zu einer Unterhaltung. Als er meinen Namen hörte war er sofort deutlich gesprächsbereit. Der erste König der Ungarn heißt ja auch Stephan.

Über den Apostel Paulus hat er nur geschimpft, denn der war ja in erster Linie bei der Steinigung des Stephanus dabei!! Die Gruppe aus Italien war auch sehr freundlich, ich bin gespannt wie oft man sich auf dem Weg noch trifft. Außerdem habe ich noch einen Saarländer kennengelernt. Die meisten sind in León gestartet, alles Frischlinge!

Tageskilometer	Gesamtkilometer
33,6	2126,85

09.06.2011 Von Villar de Mazarife nach Santibáñez de Valdeiglesias

Erste Pause, Villavante: Ich musste heute auf Asphalt und immer geradeaus bis hierher laufen. Gestern war der Weg schöner.

Zweite Pause, Hospital de Orbigo: Habe hier zu Mittag gegessen.

Tagesziel erreicht, Santibáñez de Valdeiglesias: Die Herberge ist noch nicht offen. Es gibt keine Bar in diesem Dorf, nur eine soziale Einrichtung, die einer Bar ähnelt, aber von Bürgern im Ehrenamt unterhalten wird. Die Öffnungszeiten sind natürlich von den Leuten abhängig, die Dienst haben. Aber freundlich sind sie alle!!!Als die Herberge geöffnet hat, habe ich mein Bett bezogen. Der Garten ist eine Wucht! Jede Menge Obstbäume auf kleinem Raum! An jedem Baum hängt ein Zettel, dass die Bäume gespritzt sind. Das hat Herkules, der Wirt, nur für die Pilger hingeschrieben, damit die Pilger nicht alle Früchte essen. Auf jeden Fall fühlte ich mich, wie im „Garten Eden". Das Abendessen war super. Die Herberge war voll und es war eine Clique von österreichischen Damen da, eine lustige Bande. Jetzt zum Essen: Zur Vorspeise ein sehr gutes Risotto mit Steinpilzen! Als Hauptgang ein "Chrash Huhn" (hier ist gemeint, dass das Huhn in kleinen Stücken serviert wird) gebraten und dazu italienische Bratkartoffeln. Und zum Essen ausreichend und guten Wein! Ein gelungener Pilgerabend!

Tageskilometer	Gesamtkilometer
20,2	2147,65

10.06.2011 Von Santibáñez de Valdeiglesias nach El Ganso

Erste Pause, Astorga: Heute ist wieder ein warmer Tag. Auf dem Weg hierher bin ich an einem Brotzeitstand vorbeigekommen, der sehr eigenartig war. Eine Auswahl an Säften und Tees sowie Obst und Kaffee und das alles nur für eine Spende! Der Typ, der den Stand führt, saß da wie ein Indianer, in eine Decke gehüllt! Er war vollkommen in sich gekehrt und hat mich nur am Rande wahrgenommen.

Zweite Pause, St. Catalina de Somoza: Habe zu Mittag gegessen.

Tagesziel erreicht, El Gonso: Es gab gleich zwei Bars nebeneinander! Ich habe mich für die rechte Bar entschieden. Nach einer ausgiebigen Pause habe ich die Herberge gefunden und meine Schlafstatt bezogen. Die Alaska Ladies waren auch in der Herberge, wir sind dann gemeinsam zum Essen gegangen.

Abbildung 94: Abendessen mit den Alaska Ladies in El Ganso

Tageskilometer	Gesamtkilometer
25,3	2172,36

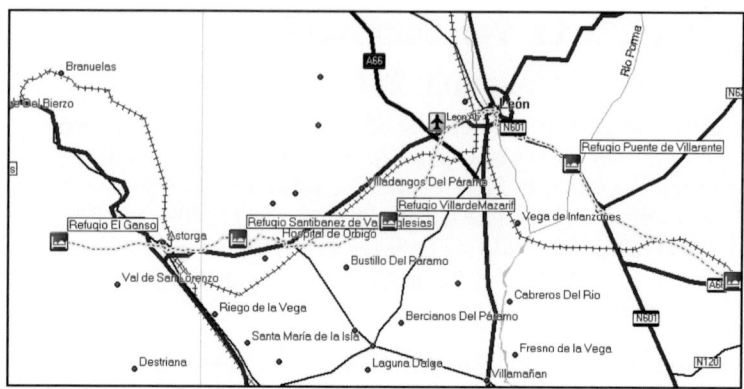

Abbildung 95: Strecke Puent de Villarente - El Ganso

11.06.2011 Cruz de Ferro. Von El Ganso nach Riego de Ambrós

Erste Pause, Rabanal del Camino: Es ist ein kühler aber schöner Morgen, optimal für den Weg hinauf zum „Cruz de Ferro". Nach dem Frühstück habe ich meinen Stein aus Memmingerberg aus der Tiefe meines Rucksackes geholt und etwas beschriftet. Der Weg ist bisher moderat geht aber ständig bergauf. Das Ziel für heute ist ja zunächst das Kreuz, und die Gedanken wandern um die Bedeutung des Kreuzes und was das alles für mich bedeutet. Ich bin etwas ratlos, verwirrt und komm nicht so recht klar, mit dem was dort oben sein soll. Na ich werde es ja sehen.

Der Weg wird steiler und ist jetzt weg von der Straße, ein schöner Wanderweg. Das Kreuz ist in Sicht. Ich werde ein wenig nervös! So, nun den Rucksack runter und anstehen. Es sind schon ein paar Pilger hier und die Sonne lacht von einem mittlerweile wolkenlosen Himmel. So nun bin ich an der Reihe. Jeder bekommt so viel Zeit wie er braucht am Kreuz. Es ist keine Hast und kein Gedränge, es herrscht Toleranz und Verständnis um mich herum. Ich sitze vor dem Kreuz und habe den Stein ein letztes Mal in der Hand – und werfe ihn über die Schulter weg. Und schon geht es wieder los, Emotionen ohne Ende!!!! Ich verstehe es nicht, bin aber glücklich darüber, dass es passiert!

Ich weiß nicht wieso, es ist ein wundervolles Glücksgefühl!!!

Ich mach dann mal abseits eine Pause!

Die Pause ist zu Ende und der Abstieg beginnt. In El Acebo mache ich Mittag! Ein wunderschönes Bocadillio mit Rührei und Speck und dazu ein freundliches Bier! Ich habe so viele Leute wieder getroffen, das gibt es doch gar nicht! Oh ist das schön und alle sind gut drauf und keiner hat schlechte Erfahrungen gemacht!! Folge: Der Camino gibt dir das, was Du brauchst!

Habe Riego de Ambros erreicht und eine sehr schöne kommunale Herberge angetroffen! Das Abendessen war in Gegenwart eines frustrierten, älteren deutschen Pilgers! Das legte sich natürlich auf die Stimmung am Tisch. Es ist schade um jeden, der so negativ unterwegs ist! Er erzählte von seiner Scheidung und dass seinen Kinder sich von ihm abgewendet haben. Ich hoffe er wird im Laufe der Zeit fröhlicher und der Weg ihm das gibt was er braucht.

Tageskilometer	Gesamtkilometer
27,5	2200,1

Abbildung 96: Am „Cruz de Ferro" noch lache ich!

12.06.2011 Pfingstsonntag: Von Riego de Ambrós nach Cacabelos

Erste Pause, Molinaseca: Ich nehme ein Frühstück ein. Der Ort liegt idyllisch an einem Fluss und es ist alles okay!

Zweite Pause, Mittag, In Camponaraya: Mein linkes Schienbein hat den Abstieg super gemeistert! Ich denke ich bin jetzt bei 90% Leistungsbereitschaft. Ich versuche weiterhin nicht zu schnell zu sein. Es ist Pfingstsonntag und das Wetter ist wieder angenehm. Gegen Nachmittag wurde es richtig warm!

Pilgerherberge erreicht, Cacabelos: Es gibt Zweibettkabinen, die aber nur von außen verschließbar sind! Wir sind sicher unter 200 km bis Santiago. Wir, das sind die Alaska Ladies und ich! Es scheint sich bis Santiago durchzuziehen, lustig! Tagsüber sehen wir uns nicht, oder vielleicht zu Mittag, aber das Ziel ist unausgesprochen oft dasselbe! Morgen will ich so nahe wie möglich an den Pass heran! Gestern gab es noch eine Begegnung mit drei großen Hunden, die den Weg versperrten. Autos durften passieren. Aber mit ein paar Steinen und deutlichem Auftreten waren auch die Hunde überzeugt und gingen zur Seite!

Tageskilometer   Gesamtkilometer

27,4   2228,08

13.06.2011 Pfingstmontag: Von Cacabelos nach Herrerias

Erste Pause, Villafranca del Bierzo: Ein schöner Platz, schönes Wetter, was will man mehr zu einem guten Frühstück mit Spiegeleiern und Speck! Ich sitze im Kaffee auf dem Dorfplatz der sich langsam mit Leben füllt.

Zweite Pause: Ein Rastplatz und ich esse nur einen Apfel und eine Banane!

Habe die Herberge erreicht! Komplett! Herrerias: Ich muss in eine Pension ausweichen, wird teurer, aber ich habe mal wieder ein Zimmer für mich und das Bad ist auch nur für mich da. Besonders schätze ich, dass ich ein neues Handtuch habe! Schön! Außerdem gibt es im Hause auch ein gutes Pilgermenü! Die Zeit bis zum Abendbrot vertreibe ich mit Hausaufgaben und damit, an einem lustig plätschernden Bach zu sitzen der auch im Allgäu sprudeln könnte.

Tageskilometer   Gesamtkilometer

29,3   2257,37

14.06.2011 Von Herrerias nach Triacastela

Erste Pause, O Cebreiro: Der Weg hier herauf war zum Teil ganz schön steil und am Anfang noch im Nebel. Weiter oben hat dann ein leichter Wind den Nebel vertrieben. Als ich auf der Passhöhe angekommen bin, gönnte ich mir einen frisch gepressten Orangensaft, einen Kaffee und wieder Spiegeleier mit Speck als verdientes Frühstück! Ich habe wohl meinen blauen Kugelschreiber verloren, nun, dann schreibe ich halt mit dem Roten weiter! Der Weg ist super und die Sonne scheint. Ich werde jetzt auf Sommer schalten.

Triacastela: Habe die Herberge erreicht! Der Weg war bis zum Schluss O.K., obwohl ich mich verlaufen hatte und der Straße folgen musste. Irgendwie war ich heute nicht bei der Sache und trabte nur so vor mich hin. Den Franken, den ich das erste Mal in Ventosa sah und später als Bettnachbar in Nájera hatte, habe ich wieder getroffen und er hatte keine Schmerzen mehr, oh, ich habe mich sehr darüber gefreut, da er so darunter gelitten hatte. „Der Weg gibt dir das, was Du brauchst!" Ich hingegen habe mich in eine Bar gesetzt und eine Flasche Weißwein getrunken! Das Abendessen habe ich sausen gelassen und ich glaube ich war schon deutlich trunken als ich ins Bett ging. Mir ging es an diesem Tag einfach irgendwie nicht gut!

Tageskilometer	Gesamtkilometer
28,1	2285,51

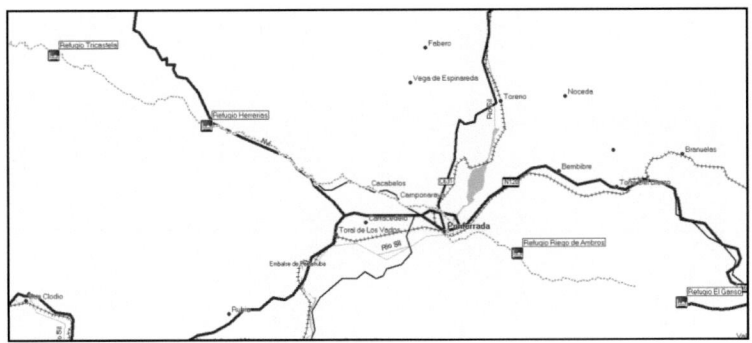

Abbildung 97: Strecke El Ganso - Triacastela

15.06.2011 Von Triacastela nach Morgade

Erste Pause, Frollais: Machte endlich Frühstück. Ich bin mit meinem Ziel noch nicht einig. Gestern habe ich nichts zu Abend gegessen, zu viel getrunken und bin zu spät ins Bett gegangen. Das war nicht gut und meine Stimmung ist nicht die Beste!

Zweite Pause, Sarria, Mittag: Ich bin durch einen Eichenwald mit alten Bäumen gegangen. Dieser Wald hat eine sagenhafte Kraft ausgestrahlt, ich weiß nicht wieso ich da etwas spürte. Eine Eiche scheint mich gerufen zu haben, denn ich bin stehen geblieben und habe meine Hände an den Baum gelegt. Es durchfuhr mich einfach ein Gefühl der Erleichterung, des Verstehens und der Größe und Stärke und das hörte nicht auf und die Vergangenheit und die Zukunft sagten „guten Tag". Wie auch immer, es war unbeschreiblich ergreifend. Ich mag Eichen, das ja! Ich kann es bis heute nicht verstehen.

Abbildung 98: Ohne Worte

Dritte Pause, Unbekannter Ort: Aber eine Bar; Nach Sarria ging es durch eine Eichenallee steil bergauf. Ich versuche es noch einmal mit einer Erklärung. Es sind alles alte Eichen! Ich bin der Meinung, die sind älter als 100 Jahre. Eine schien mich zu rufen. Ich habe meine Handschuhe ausgezogen und den Baum berührt. Ich bilde mir ein, dass ich einen anderen Blutdruck und anderen Puls bekommen habe! Ein starkes Gefühl hat mich durchdrungen und ich fühlte eine angenehme Erregung und Kraft und Alter und Zukunft!! Und doch ist es ein wenig zu viel für mich gewesen, ich habe zu weinen begonnen und es war mir egal, wer hier an mir vorbei geht. Ich kann das alles nicht erklären. Ich war nicht übermäßig beansprucht und mein Seelenhaushalt war auch ausgeglichen, so denke ich jedenfalls. Was ist da mit mir passiert?

Herberge erreicht, Morgade: Es ist eine private Herberge und nicht zu groß. Außerdem bin ich unter 100 km. Die Wäsche war aufgehängt und eine 73 Jahre alte Holländerin und ich unterhielten uns in der Sonne und bei einem Glas Weißwein als Apéro! Das anschließende Abendessen nahmen wir mit den Alaska-Ladies ein, die sich auch hier einquartiert haben. Doch das Gespräch führten die Holländische Dame und ich. Allerdings gab es Parallelen zu

Lindseys ehemaligem Beruf. Beide haben sich um Kindergartenkinder gekümmert.

Abbildung 99: Eine gewaltige Eiche, aber auf der anderen Seite ist sie hohl.

Tageskilometer	Gesamtkilometer
28,4	2313,9

16.06.2011 Von Morgade nach Palas de Rei

Erste Pause, Portomarin: Hier frühstückte ich und versuch endlich einen Internetzugang mit Drucker zu finden, damit ich mein Ticket ausdrucken kann. Hier hat es nicht geklappt. Gestern bin ich zwei deutschen Damen begegnet, eine hatte viele Bisswunden von Insekten. Es sah so aus, als wenn sie mit Bettwanzen infiziert ist. Ich gab ihr meinen Spray. Sie war sehr dankbar und ich bin einfach weitergegangen.

Zweite Pause, Portos: Mittag.

Palas de Rei: Heute lief es erstaunlich gut, Santiago scheint nur noch zwei Tagesreisen entfernt. Langsam sinkt die Stimmung, denn alles geht zu Ende! Gegenüber der Herberge saßen andere Pilger und ich gesellte mich hinzu. Nach der üblichen Vorstellungsrunde wurde ich zu einem Glas Wein eingeladen. Ja und das ging so: Ich musste in einer Bar einen Wein bestellen und zahlen, damit ich ein entsprechendes Glas hatte. War dann der Wein getrunken, wurde nachgeschenkt! Gott sei Dank bin ich richtig ausgerüstet! Denn ohne meinen Korkenzieher wäre die Gruppe bald auf dem Trockenen gesessen. Als ich an der Reihe war, einen auszugeben, ging ich auch in den Supermarkt und kaufte eine Flasche Roten für -- ,99€. Bis zum Abendessen war das eine lustige Runde! Dann ging jeder wieder seiner Wege zum Essen. Nach dem Essen war ich rechtschaffen müde und ging zu Bett! In meinem Zimmer war ich nicht mehr alleine. Ein junges Paar war am anderen Ende des Zimmers einquartiert. In der Nacht hatten sie sich sehr viel zu sagen und das Meiste ohne Worte. Ich fühlte mich absolut fehl am Platze und traute mich nicht auf die Toilette. Ich sehnte den Morgen herbei, damit ich endlich abhauen konnte.

Abbildung 100: Eine lustige Runde in Palas de Rei

Tageskilometer   Gesamtkilometer

26,2   2374,03

17.06.2011 Von Palas de Rei nach Arzúa

Erste Pause, O Coto: Es gibt ein mittlerweile übliches Frühstück mit Joghurt und Banane. Ich hatte gestern Abend noch einen Durchhänger. Mir ist bewusst geworden, dass alles bald vorbei ist. Schade dass Uschi nicht dabei war! Vielleicht gehe ich den Weg nochmals mit ihr. Ach übrigens der Kerl mit dem Muschelhemd neben mir auf dem Bild, hat meinen Gedanken aufgenommen und hat noch bei Ryanair den letzten Platz von Santiago nach Hahn in der Eifel gebucht, der an dem Tag noch frei war, an dem er fliegen wollte! Es regnet und ich mag keine Pause machen. Ich gehe bis ich eine passende Unterkunft finde! Ich komme bis Arzúra, aber die Herbergen sind voll. Ich nehme das erstbeste Hotel (zwei Sterne). Es ist schon schön, mal wieder alleine zu schlafen und mit dem Komfort eines eigenen Bades! Hier kann ich auch endlich nach vielem hin und her mein Rückflugticket ausdrucken Yippie! Das war aber eine Aktion! Morgen bin ich gegen Abend in Santiago! Auch dort werde ich in eine Pension gehen! Erst auf dem Weg zum „Ende der Welt" werde ich wieder auf Herbergen zurückgreifen.

Tageskilometer	Gesamtkilometer
26,2	2374,03

18.06.2011 Von Arzúa nach Santiago

Erste Pause, Calle, Frühstück: Noch 33 km bis Santiago!

Zweite Pause, Amenal, Mittag! Heute läuft es so gut wie nie! Ich denke das Pferd riecht den Stall!

Dritte Pause, Monte Gozo: Hier ist es emotional ohne Ende! Ich habe Klemens eine SMS gesendet mit der Nachricht, dass er weiß was ich sehe! Ein Jugoslawe, in Begleitung seiner Frau, spricht mich auf Deutsch an und wir unterhalten uns kurz. Er ist über die Distanz erstaunt! Irgendwann verlassen mich die Beiden. Ich hole aus meinem Rucksack den Rest an Verpflegung heraus. Eine warme Dose Bier, eine Mandarine und eine Banane! Ich nehme alles zu mir und bin unfähig mich zu bewegen. Die Emotionen schießen ein und ich kann mich nicht beherrschen. Es dauert mindesten eine

Viertelstunde bis ich wieder gerade aus schauen kann. Der Jugoslawe kommt noch ein Mal vorbei und entschuldigt sich, dass er kein kaltes Bier hat und bringt mir eine Dose kalten Fertigkaffee! Welch eine aufrichtige Geste. Ich bedanke mich! Halbrechts, etwa 15 Meter entfernt sitzt eine Frau, so um die 30 Jahre, sie hat alles mitbekommen. Ich entschuldige mich bei ihr, ich weiß zwar nicht warum, aber ich tue es! Sie meint, hier oben gäbe es eine gute Herberge. Ich will heute noch nach Santiago! Der Weg nach Santiago geht rasch bergab!

Abbildung 101: Ortseingang

Vom Ortseingang von Santiago de Compostella ist es noch ein gutes Stück bis zur Basilika! Ich gehe weiter und bald hat mich die Altstadt gefangen und der Torbogen ist voraus! Ich durchschreite den Torbogen und befinde mich auf dem Platz vor der Basilika! Ich weiß nicht warum, aber mich beeindruckt der ganze Platz nicht sonderlich. Für mich ist jetzt erstmal die Unterkunft wichtig. Natürlich stelle ich mich in einem Büro an, von dem ich vermute, dass ich hier Auskunft über Pensionen oder Hotels erhalte. Ich stehe eine halbe Stunde umsonst an, es war das falsche Büro.

Freundlicherweise sagt man mir wohin ich mich wenden soll. Gesagt getan und ich habe auch ein gutes Ergebnis erzielt. Eine Pension, nicht zu teuer, im Zentrum, ist O.K.! Ich habe Stube bezogen und nun „die Compostela" empfangen. Es ist später Nachmittag und die Schlange vor den Schaltern ist kurz und so habe ich meine Compostela in den Händen.

Tageskilometer   Gesamtkilometer

37,6   2411,6

Ich habe die Urkunde sofort zurück auf mein Zimmer gebracht und dann ging es auf weiten Wegen zum Einkaufen. Danach hörte ich einen Dudelsack im Torbogen und konnte natürlich nicht daran vorbei. Ich setzte mich auf die Stufen, hörte der Musik zu und trank mein Bier aus der Dose. Ich war noch immer in Wanderklamotten! Der Abend in Santiago war schön, denn ich habe meine Hausaufgaben in einem Straßenkaffee mit Livemusik gemacht! Ich bin spät ins Bett gegangen.

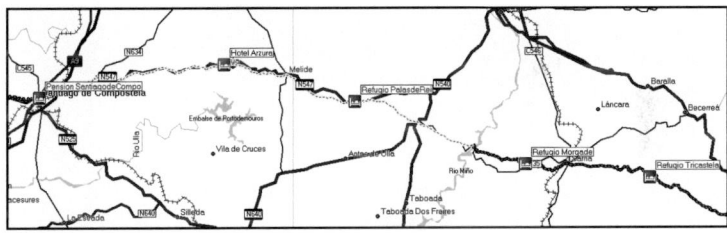

Abbildung 102: Strecke Triacastela - Santiago

CAPITULUM hujus Almae Apostolicae et Metropolitanae Ecclesiae Compostellanae sigilli Altaris Beati Jacobi Apostoli custos, ut omnibus Fidelibus et Peregrinis ex toto terrarum Orbe, devotionis affectu vel voti causa, ad limina Apostoli Nostri Hispaniarum Patroni ac Tutelaris **SANCTI JACOBI** *convenientibus, authenticas visitationis litteras expediat, omnibus et singulis praesentes inspecturis, notum facit: Dnm Stephanum Victorem Herbertum Groborsch hoc sacratissimum Templum pietatis causa devote visitasse. In quorum fidem praesentes litteras, sigillo ejusdem Sanctae Ecclesiae munitas, ei confero.*

Datum Compostellae die 18 mensis Iulii anno Dni 2011 .

Canonicus Deputatus pro Peregrinis

Abbildung 103: Die Compostela

19.06.2011 Der Tag in Santiago

Ich bin spät aufgestanden. Der Tag gehört Santiago und der Pilgermesse! Und der Gruft. Darüber kann ich nicht viel sagen. Es herrscht viel Trubel in der Stadt. Ich habe das alles genossen und gut gegessen. Es war wohl nicht ganz günstig, hatte aber durchaus Ambiente!

20.06.2011 Von Santiago nach Vilaserío

Erste Pause, Ventosa: Santiago war gestern. Heute geht es los ans „Ende der Welt"! Der Weg führte erstmal durch Eukalyptuswälder und immer bergauf. Oben angekommen war eine Bar die zum Frühstück einlud. Gesagt getan. Wer kommt um die Ecke, die Alaska Ladies. Ein freudiges „Hallo" und das Übliche: Wo wart Ihr? Seit wann seid ihr in Santiago? usw. Ich bin dann weiter und wer weiß wann man sich wieder trifft.

Zweite Pause, Negreira: Habe noch 13 Kilometer vor mir dann ist die Herberge erreicht.

Habe die Herberge erreicht, Vilaserío: Es gab gutes Abendessen, eine Waschmaschine, einen Trockner und gute Unterhaltung.

Tageskilometer	Gesamtkilometer
30,9	2442,51

21.06.2011 Von Vilaserío nach Oliveiroa

Zweite Pause, Ponte Oliveira: Der Plan 40 Kilometer bis Cée zu laufen, hat sich zerschlagen. Ich habe einen Hilferuf von den Alaska Ladies erhalten. Sie sind ca. 5 – 7 km zu weit nach Süden gelaufen. Ich versuchte sie mittels SMS zurück zu lotsen und bin ihnen entgegen gegangen. Sobald wir Blickkontakt hatten, habe ich meinen Weg wieder aufgenommen. Das war ein wenig nervig, da es die ganze Zeit geregnet hat. Nach dem Mittag haben wir beschlossen im nächsten Dorf Quartier zu nehmen. Gesagt getan. Zum Abendessen haben wir uns wieder verabredet und an einem Tisch, mit andern Pilgern aus aller Welt gegessen und geplaudert, es war wieder ein gelungener Abend.

Tageskilometer	Gesamtkilometer
32,7	2475,29

22.06.2011 Das Ende der Welt. Von Oliveiroa nach Fisterra

Erste Pause, Cée: Bis hier wäre es gestern nicht mehr zu machen gewesen. Erstens wegen des Wetters und zweitens wegen des Geländes. Ich glaube, hier wurde ich von „anderer Stelle" auf das rechte Maß gestutzt. Bis Fisterra sind es noch 10 Kilometer. Das späte Frühstück tut gut. Die Mädels kommen immer wenn ich fertig bin mit essen. Diesmal haben sie mich gebeten, in Fisterra für sie mit zu buchen. Das ist doch kein Problem.

Habe die Herberge in Fisterra erreicht: Ich konnte die zweite Urkunde abholen und mich für den Abend vorbereiten. Ich habe die Mädels noch am Ortseingang abgeholt um ihnen den Weg zu Urkunde und Herberge gezeigt.

Abbildung 104: Am Eingang von Fisterra, noch schnell ein Bier

Am Abend geht es dann ans Kap! Zuvor noch ein gutes Mahl.

Kap Finisterre: wir sind zwar zu Dritt losgelaufen und oben angekommen, doch dann hat jeder für sich eine Ecke gesucht und gefunden. Hier am Ende der Welt will man nur alleine sein. Ich habe die Mädels erst wieder am Bus nach Santiago getroffen. Jetzt zu mir.

Ich genieße den Sonnenuntergang und freue mich an einem Glas Roten den ich mitgenommen habe. Vieles geht einem hier durch den Kopf und es passiert tatsächlich! Die Entscheidung was machst du als nächste Pilgerreise! Ich gehe 2013 nach Rom! Die Würfel sind gefallen. Es ist komisch, dass ich genauso reagiere wie Millionen vor mir! Aber es ist gut so. Ich weiß nur noch nicht, wie ich es Uschi beibringen kann.

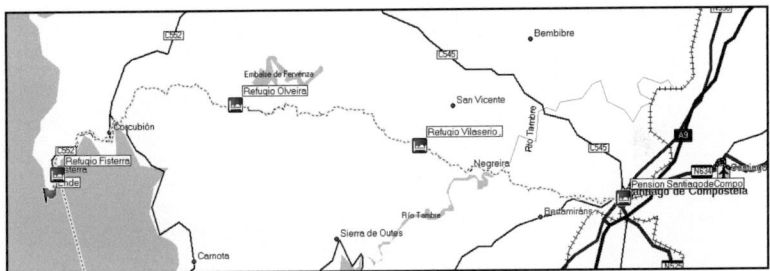

Abbildung 105: Strecke Santiago - Fisterra

Abbildung 106: Am Ende der Welt

Tageskilometer   Gesamtkilometer

36,8   2512,17

Das war es!

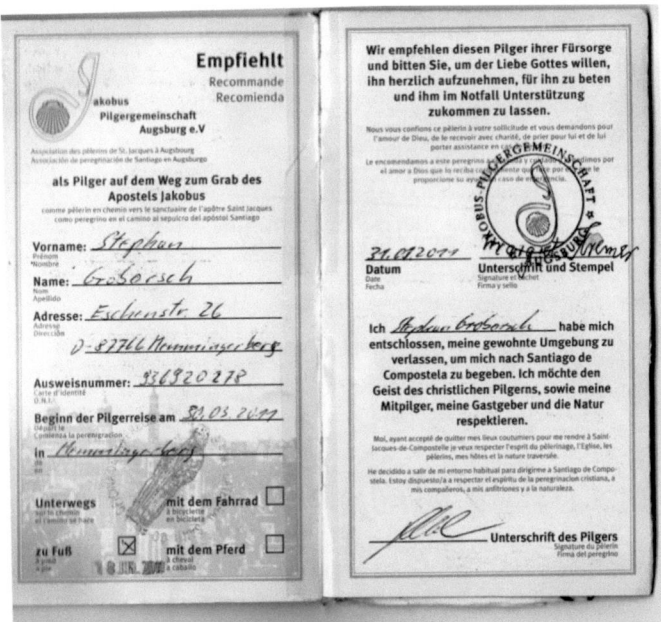

Abbildung 107: Mein Pilgerausweis

23.06.2011 Von Fisterra nach Santiago

Von nun an geht alles sehr schnell und ohne Schnörkel.
Rückverlegung nach Santiago und Ticket kaufen für die Fahrt nach
Porto. Der Versuch in Santiago noch Mitbringsel zu kaufen ist
schwer. Ich entscheide mich für „gelbe Pfeile" für die Erwachsenen
und eine Pilgerfigur für die Kinder.

24.06.2011 Von Santiago nach Porto

Transfer von Santiago nach Porto. In Porto ist der Bär los. Es ist
Jacobitag und das wird hier ausgiebig gefeiert auf den Straßen. Der
Fischertagvorabend in Memmingen ist eine schwache Kopie dessen,
was hier abläuft. Es ist mir aber alles ein bisschen zu viel.

25.06.2011 Wieder zu Hause von Porto

Ich habe noch den halben Tag Zeit bis zum Rückflug. Ich schau mir die Stadt noch einmal bei Tageslicht an und bin begeistert. Porto ist eine schöne Stadt.

Am späten Nachmittag bin ich am Flughafen und mit dem einchecken klappt alles wie am Schnürchen! Los mach schon: Take off - ich will jetzt nach Hause! Bin ja gespannt, wer mich abholt.

In Memmingerberg gelandet und mit dem Rucksack in die Halle getreten und da war die ganze Rasselbande! Meine liebe Frau, Uschi, komm in meine Arme! Und die Enkelkinder mit Diana! Und auch noch Siggi mit Julia und ihrer Tochter Dilara!

Abbildung 108: Zurück in Memmingerberg

Daheim!!!!

02.07.2011 Alle sind da, im Garten

Es ist doch noch nicht vorbei. Uschi hat noch etwas für mich vorbereitet. Und ich als ahnungsloser Pilger falle darauf rein. All meine Fragen nach etwas Ungewöhnlichem beantwortet Uschi mit einer Selbstverständlichkeit, sodass ich keinen Verdacht schöpfe.

Sie hat für mich eine Willkommensparty organisiert, wie schön!

Abbildung 109: Vlnr: Klemens, Hanne, Karin, Reginhard, ich, Julia, Johanna, Diana und Thomas

Abbildung 110: Vlnr: Julia, Richard, Diana, Gitti, Uschi, Evelyne und Alfi

Abbildung 111: Vlnr: ich, Consti, Wendelin, Jaron, Julia, Andrea und Klemens

Abbildung 112: Vlnr: Consti, Thomas, Manfred, ich, Jaron, Erika, Wendelin und Karin

Abbildung 113: Vlnr: Wendelin, Thomas, Feuerstelle zum Grillen, Manfred, Johanna, Julia und Consti

Nicht auf den Bildern sind Siggi, Julia L. und Dilara

Und damit ist die Reise zum Grab des heiligen Jakobus offiziell abgeschlossen. Die Gefühle sind noch nicht wieder auf dem alten Stand. Wer weiß was daraus wird!

SMS – Korrespondenz Jakobsweg zwischen meinem Bruder Klemens und mir

Dienstag, 29.03. 10:47, Stephan

Hier meine Nr.: 0xxxxxx. ich hab jetzt auch Deine Nr. Viele Grüße, Stephan

Dienstag, 29.03., 12:55, Klemens

Mein lieber Bruder, für das Wagnis wünsche ich Dir einen guten Weg, bon chemin, buen camino, viel Glück, bonne chance, mucho suerte und Gottes Segen!

Donnerstag, 31.03., 09:19, Stephan

Guten Morgen, Klemens, bei mir ist alles klar. Die Nacht im Zelt o.k. Der Regen ist harmlos. Gruß, Stephan.

Donnerstag, 31,03., 09:31, Klemens

Guten Morgen, das ist doch wunderbar! Weiter gute Reise! Melde Dich mal wieder. vielleicht mit Angabe des nächstgelegenen Ortes, dann kann ich auch dabei sein! Viele Grüße, Klemens

Donnerstag, 31.03., 19:16, Stephan

Bin Wangen und habe festes Quartier bezogen. Heute war es anstrengender. Ich nehm Dich mit! Ultreia, Stephan.

Freitag, 01.04., 08:43, Klemens

Danke fürs Mitnehmen! Bist ja gut vorangekommen! Nicht übernehmen! Von Ermüdung erholt man sich an einem Tag; Muskel- oder Sehnenzerrung brauchen Tage! Alles Gute, Klemens

Freitag,01. 04., 13:22, Stephan

Ansprechpartner Herberge meldet sich nicht! Hast Du Nr. Von Augsburg? Gruß, Stephan, kurz vor Lindau.

Freitag, 01. 04., 13:29, Klemens
Habe nur Nr. von Frau Kremer: 08xxxxx. Viel Glück, Klemens.

Freitag, 01. 04., 14:57, Klemens
Hattest Du Erfolg? Wenn nicht, geh rotzfrech zum Pfarramt, kath. oder ev. ist egal. Gruß, Klemens

Freitag, 01. 04., 15:43, Stephan
Herberge erreicht, Wäsche wäscht, ich bin geduscht und geh jetzt mit Monika schwätzen! Ultreia, Stephan.

Freitag,01. 04., 15:57, Klemens
Super! Kommst ja prima voran. Wünsche morgen gute Überfahrt und gute Reise durch die Schweiz! Ultreia, Klemens

Samstag, 02. 04., 20:11, Stephan
Bin in St. Gallen, Pilgerherberge. Gehwerk i. O. Gruß, Stephan

Sonntag, 03. 04., 15:26. Klemens
Gratuliere! Schaut ganz so aus, als ob Du alles richtig machst. Trotzdem, nicht übertreiben! Mach`s gut, Klemens

Sonntag, 03. 04. 19:20, Stephan
Bin in Wald, Camping! Jetzt weiß ich nicht wie weit ich morgen gehen soll! Oder handle ich einfach nach Mt 6.25: „Sorgt Euch nicht...." Gruß, Stephan

Sonntag, 03. 04., 19:33, Klemens
Empfehle Quartier bei/in Rapperswil denn jenseits des Züricher Sees (Pfäffikon) ca. 1000 hm zum Etzelpass. Vielmehr wird an dem Tag nicht gehen. Weiter gute Reise! Klemens

Dienstag, 05 04., 10:17, Stephan
Bin auf dem Weg nach Einsiedeln. Rat befolgt, 15 km Bus bis Rapperswil. Alles i. O., Gruß, Stephan

Dienstag, 05. 04., 11:05, Klemens

Mensch Bub, lass Dir Zeit! Falls Du bist Einsiedeln kommst und Kloster keine Herberge gewährt, zwei km weiter gibt`s ein Bildungsinstitut mit Zimmer und Essen sehr preiswert. Ultreia, Klemens

Dienstag, 05. 04., 19:33, Stephan

Hi, Klemi, bin in Trachselau! Ich hetze nicht! Habe alleine fürs Mittag zwei Std. gebraucht, bis der Eintopf genießbar ist. Der Anblick der Mythen hat mich unheimlich betroffen gemacht!! Alles doppelt grün!! Gruß, Stephan

Dienstag, 05. 04., 19:43, Klemens

Wenn Du wüsstest, wie ich Dich beneide, weil Du alles viel intensiver erlebst, als ich auf dem Rad! Erlebe es mit jeder Faser, vor allem in der Seele! Gute Fahrt. Klemens

Donnerstag, 07. 04., 06:44, Klemens

Hallo, einsamer Pilger durch die Alpen, hast Du die Haggenegg besiegt? Wie geht es Dir? Und das Wetter? Wünsche Dir weiterhin trotz Anstrengung viel Freude am Weg! Klemens

Donnerstag, 07. 04., 09:33, Stephan

Sitze im Hafen von Brunnen und warte auf Überfahrt nach Beckenried, Haggenegg war gut und Kloster o.k. Ultreia, Stephan

Donnerstag, 07. 04., 19:29, Stephan

Bin in Bethanien angekommen, Wie geht es eigentlich bei Dir voran? Ultreia, Stephan

Donnerstag,07. 04., 20:45, Klemens

Keine Ahnung, wo das ist, nach Beckenried? Ich mache gute Fortschritte. Dienstag letzter Tag Reha, Hab immer noch Angst, Du bist zu schnell. Mach's gut, Klemens

Freitag, 08. 04., 18:52, Stephan

Vertraue! Bin jetzt unterhalb Brüningpass! Ultreia, Stephan

Samstag, 09. 04., 09:15, Klemens

Vertraue Dir, nimmst mich ja mit! Genieße und staune über den Anblick von Eiger, Mönch, Jungfrau u. a. Evtl. vor Thun übersetzen nach Spiez. Mach weiter so! Ultreia

Sonntag, 10. 04., 19:19, Stephan

Bin in Hiltelfingen am Thuner See. Noch keine Schifffahrt! Heute mal wieder feste Unterkunft, Bei Dir auch alles klar? Ultreia, Stephan

Sonntag, 10. 04., 20:47, Klemens

Bin beeindruckt von Deinem Vorwärtskommen! Hast noch zwei Tage zum frz. Lernen. Mir geht`s gut, bis Mi. in Reha, gehe zeitweise schon ohne Krücken. Gute Reise! Klemens

Dienstag, 12. 04., 20:20, Stephan

Fribourg ist genommen! Von ganz unten bis zur Jugendherberge! Du kommst ja morgen heim! Freue Dich! Und dann geht das Leben ohne Schmerzen erst richtig los! Ultreia, Stephan

Dienstag, 12. 04., 20:30, Klemens

Das läuft ja immer besser bei Dir! Jetzt sind es ja nur noch wenige Tage bis Genf. Noch keine Blasen? Schon abgenommen? Weiter gute Fahrt! Klemens

Donnerstag, 14.04., 19:47, Stephan

Bin 6.5km nördlich Luftlinie vom Genfer See. Musste 8km Bus nehmen. Romont, Moudon zu kurz, Lausanne zu weit! Gewicht keine Ahnung, keine Waage! Blase am rechten kleinen Zeh in 11 Uhr-Position seit Lindau, stört nicht. Und bei Dir? Ultreia, Stephan

Samstag, 16. 04., 16:42, Klemens

Freue mich für Dich, dass es so gut läuft, wünsche Dir noch viel mehr Freude und Erlebnis! Wetter scheint ja auch zu passen. Ich bin wieder zu Hause, alles prima! Gruß, Klemens

Montag, 18. 04., 20:07, Klemens
Na, wieder auf dem Weg? Übrigens, falls Du in Yenne Station machen solltest, Hotel Fer à Cheval gibt Pilgern Rabatt und zur Abwechslung spitze Abendessen! Ultreia, Klemens

Montag, 18. 04., 20:24, Stephan
Bin in Genf angekommen! Ausrüstung gewechselt und morgen bin ich in Frankreich! Ultreia, Stephan

Donnerstag, 21. 04., 10:58, Stephan
Ultreia, Klemi! 15km vor Seyssel! Alles in bester Verfassung! Dass ich das noch erleben durfte!!! Gruß, Stephan

Freitag, 22. 04., 14:01, Klemens
Na, wie weit bist Du denn gestern noch gekommen? Und Ziel heute? Was macht das Wetter? Die nächsten Tage sieht`s aus wie zu Hause, aber mit Feldsteinkirchen. Gruß, Klemens

Freitag, 22. 04., 17:19, Stephan
Hallo, Klemi, gestern bis Seyssel und heute bis Lucey. Gîte Moulin!! Frohe Ostern! Stephan

Samstag, 23. 04., 10 :17, Klemens
Hast ein gutes Näschen fürs Quartier! Weiter so! Gruß von Frau Kremer und Ultreia! Dir auch frohe Ostern und weiterhin gute Reise, Klemens

Dienstag, 26. 04., 11:51, Stephan
Hi Klemi, bin in Faramans aufgebrochen, Assieu scheint in Reichweite! Alles klar bei Euch? Ultreia, Stephan

Freitag, 29. 04., 13:06, Stephan
10km vor Tence! Hier ist alles klar: die Hose seit Fribourg zum X-ten Mal genäht, die Schuhe lösen sich auf---hoffe auf Le Puy! Vielleicht hat auch ein Barbier am Montag auf! Ultreia, Stephan

Mittwoch, 27. 04., 11:50, Klemens

Na dann wirst Du heute wohl die Rhône überqueren. Und dann beginnt – bis ins Tal des Lot – das wohl schönste Stück des Weges! Freu Dich auf Le Puy! Ultreia, Klemens

Sonntag, 01. 05., 17:13, Stephan

Le Puy erreicht und bei den Freunden untergekommen! Ultreia, Stephan

Sonntag, 01. 05., 19:17, Klemens

Gratuliere! Hast über 1/3 geschafft. Noch Lust? Unbedingt morgen frühstücken, dann Ultreia singen und dann in Kathedrale an Pilgermesse teilnehmen!!! Ultreia, Klemens

Montag, 01. 05., 10:26, Klemens

Na, schön Ultreia gesungen? Jetzt bist Du einer von Abermillionen Jakobspilgern auf der Via Podiensis! Halte Augen und Seele offen! Ultreia! Deus adjuvas te! Klemens

Dienstag, 03. 05., 12:28, Stephan

Auftrag ausgeführt! Ab jetzt sind viele Pilger dazu gekommen. Ultreia, Stephan

Donnerstag, 05. 05., 15:33, Stephan

Gruß aus Les Estrets, kurz vor Aumont-Aubrac. Waschtag! Ultreia, Stepan

Samstag, 07. 05., 10:49, Klemens

Na, gut ausgeruht wieder unterwegs? Der Weg durchs Aubrac fehlt mir schon sehr! Erlebe und fühle bitte für mich mit!! Ultreia, Klemens

Sonntag, 08. 05., 19:44, Klemens

Hallo, braver Pèlerin St. Jacques, ich weiß nicht wo Du gerade bist, aber wenn möglich richte es ein, in Conques in der Frühe 7 oder 8 Uhr Pilgermesse zu besuchen. Klemens

Sonntag, 08. 05., 21:18, Stephan
Jetzt bin ich in Estaing! Ultreia- „Immer weiter", Stephan

Freitag, 13. 05., 18:37, Stephan
Hallo, SMÜ! Bin bei den Schwestern in Vaylats. Morgen geht es gen Süden auf Toulouse zu. Freue mich auf Lourdes. Schönes Wetter!!! Ultreia, Stephan

Freitag, 13. 05., 23:00, Klemens
Grüß mir die Töchter Jesu! Jetzt schon Richtung Süden?! Du versäumst Cahors mit der Pont Valentré! Warum nicht bis Lectoure und dort auf dem GR 65 (gelb/rot) nach Auch (Patenstadt von Memmingen) und dann weiter über Lourdes zum Somport! Du findest dort auch leichter preiswerte Gîtes! Wie immer, gute Fahrt! Halte durch! Klemens

Donnerstag, 19. 05., 09:33, Klemens
Noch alles klar bei Dir? Lourdes schon in Sicht? Wünsche schönen Aufenthalt und dann gute Fahrt zum Somport! Nicht aufgeben! Klemens

Donnerstag, 19.05., 11:51, Stephan
Lourdes noch 1 Stunde Wegstrecke vor mir. Bin in Bartrès. Morgen ein Tag Pause und Posttag, Bahnkarte kaufen Richtung Somport. Ab da darfst Du wieder mit! Ultreia, Stephan

Freitag, 20. 05., 13:54, Stephan
Grüße von Deinem Sachgebiet a.D. aus FFB!

Freitag, 20. 05., 13:57, Klemens
1. Glückwunsch zur Ankunft in Lourdes!

2. Das wüsste ich gerne genauer.

3. Gruß zurück, Ultreia, Klemens

Freitag, 20. 05., 14:02, Stephan
Eine Karin mit Mann und der Pöttinger mit Frau

Freitag, 20. 05., 15:37, Stephan
Soll ich Grüße bestellen?

Samstag, 21. 05., 17:46, Stephan
Somport liegt hinter mir! Jaca 15km voraus! Jetzt bist Du wieder dabei! Ultreia, Stephan

Sonntag, 22. 05., 19:55, Klemens
Viele Grüße von meiner und Deiner Frau und den Kaufbeuren aus SMÜ vom Renken-Essen. – Auf keinen Fall Eunate (ca. 5 Tage) versäumen!

Mittwoch, 25.05., 15:59, Stephan
Monreal erreicht! Versuche in Eunate zu übernachten! Ultreia, Stephan

Donnerstag, 26. 05., 17:19, Klemens
Eigentlich müsstest Du im Südwesten jetzt schon die Perle der navarresischen Romanik sehen. Im Häuschen nebenan nimmt man auch Pilger auf. Sonst 5km Obanos

Donnerstag, 26. 05., 17:27, Stephan
War eine Stunde in Eunate, ganz gut!!! Bin über die Puente, erste Herberge. Ultreia, Stephan

Sonntag, 29. 05., 19:15, Stephan
Ich hoffe Ihr hattet ein schönes Wochenende. Bin jetzt in Nájera. Alles o.k.! Ultreia, Stephan

Sonntag, 29. 05., 19:54, Klemens
Kommst ja prima voran! Und wie war das Gefühl, nach 20 Tagen und über 2000km über die Puente la Reina zu schreiten wie vor Dir schon Abermillionen?! (u.a. auch ich!). Es ist schön für mich, jeden Km noch einmal mit zu erleben. Danke!!! – Ab Santo Domingo de la Calzada wird es Ernst durch die Meseta. Wünsche Dir Ausdauer und inniges Erleben! Klemens

Mittwoch, 01. 06., 19:17, Stephan

Burgos! Wie weit morgen weiß ich noch nicht? Herbergsplätze knapp! Ultreia, Stephan

Mittwoch, 08.06., 10:13, Stephan

Trinke gerade Kaffee in Leòn! Alles bestens! Ultreia, Stephan

(Danach kurzes Telefongespräch)

Sonntag, 12. 06., 17:44, Klemens

Hallo Brüderchen auf dem Camino, alles i. O. bei Dir! Noch zwei große Hügel, zugleich zwei Höhepunkte (Cruz de Ferro und O`Cebreiro), dann traurig weil bald zu Ende. Klemens

Sonntag, 12. 06., 17:56, Stephan

Cruz war gestern und sehr emotional!! Ultreia

Sonntag, 12. 06., 18:47, Klemens

Gratuliere!!! Und O`Cebreiro bzw. der Weg werden ebenso!! Ultreia! Immer weiter, immer höher! Ich gehe mit Dir! – Gruß von der van Gogh auf der Rhône.

Mittwoch, 15. 06., 15:57, Klemens

Hallo Stephan, Gruß von Karin und mir von der Rhône! Passieren in einer Stunde die Brücke bei Chavanay = Jakobsweg! Buen Camino und Ultreia, Klemens

Mittwoch, 15.06., 16:21, Stephan

Jetzt ist es bald vorbei! Weniger als 100 km! Ich werde noch ans Kap gehen. Genießt den Fluss! Ultreia!

Freitag, 17. 06., 22:06, Klemens

Ich wünsche Dir alles Gute und die Fürsprache des Santiago auf dem letzten Stück Deiner Pilgerreise. Ultreia und Buen Camino! – melde Dich am Monte Gozo! Klemens

Samstag, 18.05., 16:18, Stephan

Hi, Bruder, Du weißt was wir sehen! – Gruß an Karin, Ultreia, Stephan

Samstag, 18. 06., 16:26, Klemens

Lieb, dass Du mich mitnimmst! Bin wieder total aufgeregt. Bitte eine Umarmung auch für mich. Gönn Dir eine Sonntags-Pilgermesse! Freue mich für Dich! Ultreia, Klemens

Samstag, 18. 06., 18:47, Stephan

Ziel erreicht! Montag geht es ans Kap! Emotionen ohne Ende!! Gruß, Stephan

Montag, 29. 06., 12:50, Stephan

Santiago ist Geschichte! Ultreia Fisterre! Gruß, Stephan

Dienstag, 21.06., 12:33, Klemens

Du tust gut daran, zum Kap ans Ende der Welt zu gehen, selbst wenn Du nach über 3000km auf dem Riff über dem Meer scheinbar ohne Grund wieder losheulst. Ultreia, Klemens

Freitag, 24. 06., 17:21, Klemens

Hallo Brüderchen, ich wünsche Dir einen guten Heimweg, komm gut nach Hause! Gruß, Klemens

Sonntag, 26.06., 09:36, Klemens

Wo in aller Welt steckst Du??? Muss ich Dich suchen kommen? Klemens

(Danach Anruf von Stephan, etwas längeres, emotionales Gespräch)

Der Weg in Zahlen

lfd. Nr.:	Datum	Tages km	Zeit in der Bewegung	Durchschnittsgeschwindigkeit	Höhe über NN	Zeit GPS in Prozess	Gesamt km	Uhrzeit
1	30.03.2011	10,2	02:04	4,9	596	02:51	10,17	10:12:00
2		21,8	04:23	5	676	05:55	21,82	13:16:00
3		26,8	05:23	5	692	08:51	26,76	16:12:00
4		31,3	06:16	5	663	10:16	31,28	17:37
5		33,9	06:50	5	697	11:05	33,93	18:26:00
6	31.03.2011	5,29	01:10	4,5	671	01:38	39,38	09:05:00
7		8,89	01:59	4,5	679	03:15	43,07	10:41:00
8		13,4	02:59	4,5	681	04:42	47,51	12:08:00
9		20,9	04:34	4,6	573	07:57	55,03	15:24:00
10	01.04.201	6,42	01:10	4,8	554	01:44	61,7	10:12:00
11		13,8	02:54	4,8	540	03:45	69,12	12:13:00
12		20,4	04:11	4,9	437	06:49	75,65	15:15:00
13	02.04.2011	3,28	00:37	5,2	411	01:21	78,93	11:25:00
14		25,3	02:38	9,6	588	05:36	100,98	15:39:00
15		28,4	03:18	8,6	577	06:37	104,06	16:40:00
16		35,7	04:28	8	682	08:42	111,31	18:57:00
17	03.04.2011	5,43	01:01	5,3	637	01:47	116,93	10:09:00
18		9,29	02:00	4,6	834	03:57	120,79	12:20:00
19		12,3	02:49	4,9	991	06:35	123,82	14:57
20		13,7	03:08	4,4	1016	07:37	125,19	15:55:00
21		16,7	03:45	4,4	844	08:24	128,19	16:46:00
22	04.04.2011	4,71	00:59	4,8	691	01:11	132,99	08:52:00

lfd. Nr.:	Datum	Tages km	Zeit in der Bewegung	Durchschnitts-geschwindigkeit	Höhe über NN	Zeit GPS in Prozess	Gesamt km	Uhrzeit
23		9,81	02:06	4,6	8,28	02:55	138,12	10:35:00
24	Busfahrt bis Rapperse	14	02:55	4,8	609	04:02	142,33	11:42
24		19,3	03:48	5	00:00	05:43	12:57:36	13:24
25		23,6	04:55	4,8	787	07:47	151,86	15:28:00
25		26,2	05:29	4,8	736	08:43	154,53	16:24:00
27		45	06:00	7,5	428	09:55	173,25	17:55
28	05.04.2011	5,01	01:05	4,6	586	02:17	179,03	10:01:00
29		7,35	01:42	4,3	862	04:34	181,38	12:18:00
30		12,5	02:58	4,2	928	07:49	186,49	15:33:00
31		17,2	03:56	4,4	417	09:22	191,24	17:17:00
32	06.04.2011	6,07	01:10	4,5	1404	03:06	197,8	11:04:00
33		7,95	01:46	4,5	897	04:32	199,69	12:30:00
34		15,9	06:23	4,7	896	08:11	207,63	16:30:00
35	07.04.2011	12,9	:48	16,1	440	01:24	220,54	10:31:00
36	mit der Fähre nach Beckenried	20,8	02:38	7,9	521	03:43	228,46	12:50:00
37		28,3	04:19	6,6	586	06:46	235,97	15:54:00
38		32,1	05:09	6,2	694	08:18	239,68	17:26:00
39		34,6	05:46	6	797	09:20	242,25	18:25:00
40	08.04.2011	7,57	01:34	4,8	501	02:45	249,82	11:47:00
41		9,88	02:02	4,8	534	03:33	252,19	13:09:00
42		17,1	03:33	4,8	671	06:22	259,36	16:00:00
43	09.04.2011	2,32	:28	4,9	1048	02:12	216,69	09:30:00
44		5,29	01:07	4,7	691	04:14	264,67	11:35:00
45		12,9	02:41	4,8	611	06:37	272,26	16:13:00
46		15,6	03:13	4,8	628	07:38	274,99	17:15:00

lfd. Nr.:	Datum	Tages km	Zeit in der Bewegung	Durchschnitts-geschwindigkeit	Höhe über NN	Zeit GPS in Prozess	Gesamt km	Uhrzeit
47	10.04.2011	4,65	:54	5,1	435	01:30	279,72	08:58:00
48		10,1	01:58	5,1	748	03:31	285,29	11:22:00
49		14	02:40	5,3	546	04:59	289,12	12:59:00
50		17,5		5	611	06:45	292,55	15:59:00
51		21,6	04:26	4,9	570	08:28	296,72	18:00:00
52	11.04.2011	9,13	01:36	5,7	585	02:19	305,84	10:56:00
53		14,3	02:40	5,3	719	04:13	311,04	13:02:00
54		19,4	03:40	5,3	778	06:16	316,17	16:10:00
55		26,5	05:11	5,1	798	08:19	323,24	18:00:00
56	12.04.2011	7,45	01:42	4,4	804	02:13	330,74	11:15:00
57		18,1	04:00	4,5	645	06:00	08:52	15:29:00
58		23,4	05:11	4,5	640	08:06	346,71	17:45:00
59	13.04.2011	5,68	01:15	4,5	681	02:28	352,39	10:30:00
60		13,4	02:57	4,6	646	04:59	360,14	13:17:00
61		19,9	04:25	4,5	685	06:50	366,58	15:58
62		22,3	04:57	4,5	768	07:55	368,97	17:00:00
63	14.04.2011	10,5	02:17	4,6	503	02:59	379,44	11:18:00
64		14,7	03:09	4,7	529	04:20	383,69	13:00:00
65		21,7	04:42	4,6	759	06:34	390,68	16:17:45
66		24,4	05:17	4,6	747	07:31	393,37	17:16:00
67		34	05:40	6	876	08:27	402,99	18:44
68	15.04.2011	9,1	01:41	5,4	383	02:40	412,19	10:16:00
69	St.-Prex bis Rolle	13,7	02:40	5,1	386	04:32	416,8	13:04
70		24,1	04:44	5,1	389	08:05	427,15	16:40
71		33,9	04:56	6,9	418	08:47	437,04	17:15
72	16.04.2011	10,9	02:10	5	425	02:55	447,95	11:40

lfd. Nr.:	Datum	Tages km	Zeit in der Bewegung	Durchschnitts-geschwindigkeit	Höhe über NN	Zeit GPS in Prozess	Gesamt km	Uhrzeit
73	17.04.2011	6,43	01:17	5	416	01:56	454,38	09:37
74		13,9	02:48	4,9	409	04:12	461,83	11:52
75		15,8	03:13	4,9	434	05:11	463,79	13:04
76	18.04.2011	5,51	01:49		379	01:49	469,3	10:45
77		9,16	01:50	5	371	03:20	472,95	12:57
78		15,2	02:30	6,1	410	04:35	479,01	14:54
79	19.04.2011	7,17	01:17	5,5	430	02:02	486,21	10:43
80		14,4	02:50	5,1	527	04:01	493,47	12:50
81		17,5	03:32	4,9	745	05:51	496,51	15:00
82	20.04.2011	5,1	01:08	4,5	896	02:37	501,72	10:09
83		13	02:51	4,6	727	05:03	509,58	13:14
84		20,2	04:23	4,6	550	07:03	516,77	16:08
85		22	04:49	4,6	612	08:28	518,6	17:30
86	21.04.2011	4,4	:50	5,2	330	01:11	523,01	09:10
87		8,19	01:45	4,7	488	02:42	526,81	10:45
88		16,7	03:34	4,7	269	05:40	535,37	13:41
89	22.04.2011	9,25	01:49	5,1	250	02:19	544,62	10:18
90		20,4	04:06	5	244	05:44	555,73	14:40
91		26,2	05:22	4,9	358	08:06	561,61	17:04
92	23.04.2011	11,5	02:22	4,8	239	03:20	573,24	11:21
93		16,5	03:29	4,7	620	05:21	578,07	13:58
94		23,4	04:56	4,7	652	07:35	585,05	17:15
95	24.04.2011	7,48	01:31	4,9	243	02:07	592,55	10:30

lfd. Nr.:	Datum	Tages km	Zeit in der Bewegung	Durchschnitts-geschwindigkeit	Höhe über NN	Zeit GPS in Prozess	Gesamt km	Uhrzeit
96		12,8	02:40	4,8	330	03:38	597,84	11:57
97		19,9	04:14	4,7	412	05:51	605	14:10
98		24	05:11	4,6	518	07:33	609,11	16:27
99		33,8	07:09	4,7	532	10:18	618,83	19:12
100	25.04.2011	10,1	02:07	4,8	491	02:56	629,05	11:35
101		18,3	03:46	4,8	451	05:00	637,19	14:10
102		23,4	04:50	4,8	394	06:22	642,29	15:48
103		33,1	06:51	4,8	378	09:09	652	18:35
104	26.04.2011	12,3	02:36	4,7	406	03:08	664,26	11:15
105		19,4	04:13	4,6	448	05:13	671,42	14:02
106		39	08:33	4,6	188	10:49	690,99	20:03
107	27.04.2011	5,67	01:18	4,3	246	02:04	696,66	10:10
108		10,8	02:37	4,1	394	03:54	701,81	12:13
109		18,5	04:24	4,2	692	06:30	709,46	15:33
110		22,1	05:17	4,2	602	07:57	713,11	17:00
111	28.04.2011	6,3	01:27	4,3	547	01:57	719,14	10:14
112		17,8	03:55	4,5	1151	07:02	730,89	15:35
113	29.04.2011	13,6	02:46	4,9	938	04:18	744,48	12:41
114		23	04:41	4,9	828	06:58	754,02	16:46
115	30.04.2011	12,9	02:46	4,6	1039	04:01	767,11	11:15
116		19	04:10	4,6	1187	06:13	773,2	15:01
117	01.05.2011	16,1	03:14	5	677	03:52	789,31	12:02
118		25,1	05:00	4,9	621	06:10	798,28	15:02
119		27	527	4,9	672	06:53	800,24	15:30
124	03.05.2011	16,6	03:18	5	1117	03:51	817,58	11:48
125		23,2	04:33	5,1	881	05:33	824,12	14:20

lfd. Nr.:	Datum	Tages km	Zeit in der Bewegung	Durchschnitts-geschwindigkeit	Höhe über NN	Zeit GPS in Prozess	Gesamt km	Uhrzeit
120		29,8	05:49	5,1	614	07:32	830,69	16:21
121	04.05.2011	11,4	02:15	5	959	03:02	842,19	10:43
122		21	04:08	5,1	1148	05:23	851,79	13:44
123		29,2	05:51	5	1299	08:14	860,39	16:40
124		35,3	06:55	5,1	1178	09:55	866,13	18:20
125	05.05.2011	8,09	01:36	5	987	02:16	874,23	10:00
126		15,4	03:08	4,9	931	04:53	881,54	13:45
127	06.05.2011	8,36	01:37	5,1	1062	02:04	889,93	10:01
128		16,3	03:10	5,1	1120	03:50	897,86	11:59
129		24,3	04:49	5	1197	05:42	905,87	14:33
130	07.05.2011	8,15	01:34	5,2	1182	01:41	914,07	09:42
131		16,5	03:19	5	1309	03:50	922,46	12:34
132	08.05.2011	11,6	02:16	5,1	397	03:08	940,83	11:04
133		15,3	03:03	5	350	04:41	944,64	13:29
134		25,1	04:57	5,1	335	07:11	954,39	16:23
135	09.05.2011	10,6	02:05	5,1	646	03:18	968,33	11:35
136		19	03:42	5,1	402	05:14	976,7	14:09
137		21,8	04:19	5	511	06:03	979,49	15:54
138	10.05.2011	14,4	02:51	5	534	04:02	993,91	11:26
139		26,5	05:15	5	220	06:40	1005,98	15:00
140	11.05.2011	18,4	03:42	5	289	04:34	1024,4	12:19
141		26,5	05:18	5	214	06:36	1032,43	14:57
142		32,6	06:30	5	306	08:51	1038,6	17:41
143	12.05.2011	14,6	02:52	5,1	378	03:14	1053,21	10:50
144		24,9	04:49	5,2	163	05:38	1063,55	13:33
145		29,3	05:43	5,1	184	06:50	1067,94	15:26

lfd. Nr.:	Datum	Tages km	Zeit in der Bewegung	Durchschnitts-geschwindigkeit	Höhe über NN	Zeit GPS in Prozess	Gesamt km	Uhrzeit
146	13.05.2011	13,4	02:40	5	306	03:16	1081,44	10:24
147		20,8	04:06	5	332	05:09	1088,77	12:50
148		29,1	05:45	5,1	304	07:20	1097,07	15:24
149	14.05.2011	26,4	04:51	5,4	133	05:21	1123,68	13:28
150	15.05.2011	18,4	03:30	5,2	88	03:54	1142,06	12:18
151		26,7	05:03	5,3	99	05:44	1150,37	14:27
152	16.05.2011	10,02	01:55	5,3	97	02:13	1160,79	10:42
153		24,5	04:35	5,3	126	05:05	1175,09	13:59
154		27,6	05:15	5,2	161	06:03	1178,19	15:00
155		65,1	06:51	10,4	169	07:39	1215,7	16:50
156	17.05.2011	65,7	00:36	109	291	00:46	1281,44	09:55
157		71	01:37	43,9	274	01:57	1286,66	11:20
158		78	02:53	27	328	03:22	1293,69	
159		86,2	04:19	19,2	379	05:08	1301,94	15:34
160		92,6	05:38	16,4	418	06:51	1308,35	17:28
161	18.05.2011	1,05		5				07:30
162		49,7	47	63,1	258	01:05	1358,02	08:17
163		52,3	01:18	40	265	01:45	1360,64	08:57
164		59,1	02:38	22,4	276	03:13	1367,41	10:32
165		68	04:19	15,7	330	05:10	1376,33	13:11
166		75,8	05:38	13,4	330	06:59	1384,09	15:28
167	19.05.2011	18	03:27	5,2	505	04:20	1402,09	11:32
168		24,4	04:20	5,6	392	05:44	1408,5	13:37
169	21.05.2011	1,98	:20	5,8	407	:29	1410,48	07:23
170		41,2	:48	51,1	199	01:05	1449,71	08:13

lfd. Nr.:	Datum	Tages km	Zeit in der Bewegung	Durchschnitts-geschwindigkeit	Höhe über NN	Zeit GPS in Prozess	Gesamt km	Uhrzeit
171		76,5	01:25	53,5	228	01:56	1485,06	09:53
172		132	02:39	49,8	1611	03:20	1540,42	11:33
173		139	03:57	35	1291	05:05	1547,08	13:28
174		164	05:40	28,8	1069	07:25	1572,01	16:06
175	22.05.2011	14,3	02:47	5,1	830	03:09	1586,35	10:32
176		25,5	04:49	5,1	680	05:45	1597,52	14:23
177		28,9	05:43	5,1	651	06:41	1601,07	15:40
178	23.05.2011	6,49	01:16	5,1	599	01:35	1607,72	08:22
179		17,1	03:18	5,2	596	03:49	1618,34	10:57
180		40,8	03:18	5,6	560	08:15	1642,02	15:52
181	24.05.2011	10,4	01:59	5,2	638	02:20	1653,04	10:58
182		21,3	04:04	5,2	406	04:39	1663,88	14:10
183	25.05.2011	8,57	01:53	4,6	720	02:15	1672,55	08:55
184		17,5	03:44	4,7	721	04:33	1681,42	11:15
185		27,4	05:42	4,8	556	06:53	1691,33	14:12
186	26.05.2011	12,4	02:34	4,8	586	03:22	1703,83	09:54
187		25,4	05:00	5,1	397	06:00	1716,85	12:52
188		32,3	06:41	5,2	388	07:28	1723,69	14:49
189	27.05.2011	21,6	04:06	5,3	434	04:37	1745,35	11:21
190		42,8	08:01	5,3	461	09:11	1766,51	17:23
191	28.05.2011	17,9	03:35	5	471	04:00	1784,4	11:02
192		27,4	05:31	5	408	06:09	1793,98	14:00
193	29.05.2011	11,9	02:24	4,9	507	02:53	1805,87	09:00
194		18,6	03:49	4,9	641	04:58	1812,61	11:19
195		29,7	05:59	5	499	07:43	1823,68	14:22
196	30.05.2011	5,25	01:08	4,6	550	01:21	1828,93	07:48

lfd. Nr.:	Datum	Tages km	Zeit in der Bewegung	Durchschnitts- geschwindigkeit	Höhe über NN	Zeit GPS in Prozess	Gesamt km	Uhrzeit
197		14,3	03:05	4,6	716	03:25	1837,94	10:04
198		22,2	04:36	4,8	574	05:18	1845,87	12:30
199		29,3	06:13	4,7	741	07:13	1853,01	15:00
200	31.05.2011	5,56	01:13	4,6	764	01:26	1858,84	08:52
201		15,4	03:06	5	797	03:31	1868,73	11:13
202		26,4	04:56	5,3	896	05:31	1879,68	13:54
203		30,2	05:44	5,3	948	06:31	1883,46	15:30
204	01.06.2011	10,9	02:13	4,9	1004	02:57	1894,35	09:55
205		29,7	06:13	4,8	990	07:25	1913,17	14:59
206		36,9	07:34	4,9	912	09:26	1920,4	17:11
207	02.06.2011	12,4	02:35	4,8	829	03:05	1932,86	09:31
208		20,5	04:02	4,7	829	05:00	1940,93	11:55
209	03.06.2011	13,9	02:30	5,5	869	02:41	1954,84	08:52
210		23	04:15	5,4	824	04:53	1963,9	11:30
211		34,2	06:35	5,2	781	07:42	1375,11	15:04
212	04.06.2011	13,9	03:01	4,6	790	03:20	1989,05	09:55
213		28,2	05:48	4,9	810	06:16	2003,29	13:27
214		33,7	06:54	4,9	847	07:38	2008,84	14:58
215	05.06.2011	27,2	05:15	5,2	888	5,58	2036,33	13:28
216	06.06.2011	13,9	02:30	5,3	852	02:38	2049,47	08:50
217		23,3	04:27	5,2	863	04:48	2059,64	11:52
218		31,2	06:02	5,2	885	06:36	2067,49	14:35
219	07.06.2011	12,9	02:26	5,3	832	02:39	2080,44	09:18
220		19,4	03:37	5,4	808	04:06	2086,96	11:12
221	08.06.2011	12,7	02:20	5,4	849	02:47	2105,92	10:01
222		19,1	03:29	5,5	918	04:31	2112,36	12:00

lfd. Nr.:	Datum	Tages km	Zeit in der Bewegung	Durchschnitts-geschwindigkeit	Höhe über NN	Zeit GPS in Prozess	Gesamt km	Uhrzeit
223		29,3	05:33	5,3	886	06:52	2122,56	14:56
224		33,6	06:21	5,3	889	07:59	2166,85	16:00
225	09.06.2011	10,1	01:54	5,3	843	02:05	2136,99	09:07
226		14,7	02:46	5,3	838	03:05	2141,55	10:29
227		20,2	03:46	5,3	859	04:13	2147,05	12:08
228	10.06.2011	12	02:29	4,8	877	02:51	2159,09	09:32
229		21,1	04:21	4,8	984	04:58	2168,16	12:06
230		25,3	05:14	4,8	1000	05:57	2172,36	13:07
231	11.06.2011	7,35	01:21	5,4	1152	01:30	2179,91	08:28
232		24	04:40	5,1	1163	05:16	2196,58	13:40
233	12.06.2011	4,83	:57	3	990	01:06	2205,52	08:16
234		16,3	03:06	5,2	537	03:38	2216,98	11:50
235		20,8	03:54	5,3	505	05:05	2212,45	13:42
236		27,4	05:04	5,4	475	06:47	2228,08	15:30
237	13.06.2011	8,58	01:35	5,4	517	01:49	2236,66	08:37
238		17,8	03:10	5,6	590	03:50	2245,88	
239		29,3	05:17	5,5	709	06:34	2257,37	15:00
240	14.06.2011	6,96	01:33	4,5	1308	02:06	2264,33	08:39
241		18,9	03:42	5,1	1300	04:26	2276,23	11:30
242		28,1	05:22	5,2	674	06:17	2285,51	15:00
243	15.06.2011	8,48	01:33	5,2	667	02:17	2294	09:00
244		16,1	03:02	5,3	479	03:55	2301,61	11:00
245		24,4	05:39	5,2	621	05:53	2309,88	13:33
246		28,4	05:25	5,2	653	06:51	2913,96	15:00
247	16.06.2011	9,82	01:53	5,2	379	02:13	2323,72	08:54
248		16,8	03:12	5,3	567	03:54	2330,74	10:59

lfd. Nr.:	Datum	Tages km	Zeit in der Bewegung	Durchschnitts-geschwindigkeit	Höhe über NN	Zeit GPS in Prozess	Gesamt km	Uhrzeit
249		28,3	05:15	5,3	585	06:10	2342,25	13:59
250		33,9	06:20	5,3	601	0,422917	2347,86	16:30
251	17.06.2011	7,71	01:30	5,1	483	01:58	2355,57	08:46
252		20,9	03:55	5,3	416	04:46	2368,74	11:49
253		26,2	04:55	5,3	401	06:10	2374,03	14:00
254	18.06.2011	7,54	01:25	5,3	344	02:00	2381,57	09:14
255		21,3	03:51	5,5	261	04:58	2395,31	12:23
256		37,6	06:43	5,6	260	08:49	2411,6	17:00
257	20.06.2011	8,19	01:34	5,2	180	02:08	2419,83	09:15
258		19,5	03:39	5,3	175	04:42	2431,16	12:16
259		30,9	05:49	5,3	344	07:35	2442,51	16:27
260	21.06.2011	30,6	05:34	5,5	269	06:08	2473,2	13:33
261		32,7	05:58	5,5	281	06:50	2475,29	15:28
262	22.06.2011	20,8	03:50	5,4	11	04:21	2469,15	11:27
263		34,1	06:11	5,5	26	07:15	2509,45	15:30